"一带一路"系列丛书

"一带一路"
国别概览

乌克兰

李向阳 总主编

刘柏威 李睿思 编　　张喜云 审定

大连海事大学出版社

Ⓒ 刘柏威　李睿思　2018

图书在版编目(CIP)数据

乌克兰/刘柏威,李睿思编. — 大连：大连海事大学出版社，2018.11

("一带一路"国别概览 / 李向阳总主编)

国家出版基金项目

ISBN 978-7-5632-3716-6

Ⅰ.①乌… Ⅱ.①刘… ②李… Ⅲ.①乌克兰-概况 Ⅳ.①D751.13

中国版本图书馆CIP数据核字(2018)第232860号

大连海事大学出版社出版

地址：大连市凌海路1号　邮编：116026　电话：0411-84728394　传真：0411-84727996

http://www.dmupress.com　　E-mail:cbs@dmupress.com

大连海大印刷有限公司印装	大连海事大学出版社发行
2018年11月第1版	2018年11月第1次印刷
幅面尺寸：155 mm × 235 mm	印数：1～3000册
印张：9.75	字数：146千
出　版　人：徐华东	项目策划：徐华东
责任编辑：席香吉	责任校对：张　慧
装帧设计：孟　冀　解瑶瑶　张爱妮	

ISBN 978-7-5632-3716-6　　　　　　　　　　　　　　　定价：49.00元

"一带一路"国别概览

丛书编委会

▶ 主　任　李向阳

▶ 副主任　徐华东　李绍先　郑清典　李英健

▶ 委　员　李珍刚　姜振军　张淑兰
　　　　　尚宇红　黄民兴　唐志超
　　　　　滕成达　林晓阳　杨　淼

总序

  2013年秋，国家主席习近平在哈萨克斯坦和印度尼西亚出访期间，先后提出共建"丝绸之路经济带"和"21世纪海上丝绸之路"的倡议，倡导共商、共建、共享理念，得到国际社会广泛关注和积极响应。"一带一路"倡议旨在积极发展与沿线国家的经济合作伙伴关系，共同打造政治互信、经济融合、文化包容的利益共同体、命运共同体和责任共同体。

  "一带一路"倡议源自中国，更属于世界，它面向全球、陆海兼具、目的明确、路径清晰、参与方众、反响热烈。五年间，"一带一路"倡议从理念转化为行动，从愿景转变为现实，在顶层设计、政策沟通、设施联通、贸易畅通、资金融通、民心相通等方面都取得了显著的成果，为实现世界共同发展繁荣注入推动力量、增添不竭动力。目前，我国已与100多个国家和国际组织签署了共建"一带一路"合作文件。共建"一带一路"倡议及其核心理念被纳入联合国、二十国集团、亚太经合组织、上合组织等重要国际组织成果文件。

  "一带一路"沿线国家地理地貌、风俗人情、经济发展、投资环境各不相同，极有必要对其进行系统的介绍和分析。此外，目前针对"一带一路"沿线国家的研究仍不够深入，缺少系统、整体的研究资料。大连海事大学出版社组织策划的"'一带一路'国别概览"丛书（首批65卷）适逢"一带一路"倡议提出五年后下一个阶段深入推进的需要之时，也填补了国内系统地介绍"一带一路"沿线国家国情的学术专著的空白，获得了国家出版基金项目资助，并入选教育部全国高校出版社主题出版选题。

  "'一带一路'国别概览"丛书（首批65卷）联合中国社会科学院、北京大学、山东大学、宁夏大学、广西民族大学、上海对外经贸大学、黑龙江大学等多家高校及研究机构编写，并组织驻"一带一路"沿线65个国家的前大使对相关书稿进行审定。本套丛书不仅涵盖了各国地理、简史、政治、军事、文化、社会、外交、经济等方面的内容，突出了各国与丝绸之路或海上丝绸之路的历史渊源，力争为读者提供全景式的国情介绍,还从"一带一路"政策出发,引用实际案例详细阐述了中国与各国贸易情况及各国的投资环境,旨在为"一带一路"的推进提供强大的智力支持,加快科技成果转化,促进合作人才培养,帮助我国"走出去"的企业有效地防控风险,从而全方位地助推"一带一路"建设。

"'一带一路'国别概览"丛书(首批65卷)的顺利出版得益于大连海事大学出版社的精心策划和组织,也凝聚着百余位相关领域专家学者的心血,在此深表感谢。

国家主席习近平曾深情地说:"'一带一路'建设承载着我们对美好生活的向往,将把每个国家、每个百姓的梦想凝结为共同愿望,让理想变为现实,让人民幸福安康。"我们也希望本套丛书可以为"一带一路"建设架起一座沟通的桥梁,推动"一带一路"倡议在沿线国家向更深远和平稳的方向发展。

"'一带一路'国别概览"丛书编委会
2018年6月

前言

  2013年9月,习近平主席出访哈萨克斯坦,在纳扎尔巴耶夫大学提出共同建设"丝绸之路经济带";同年10月,习近平主席在印度尼西亚提出共同建设"21世纪海上丝绸之路"。2015年4月,中华人民共和国国家发展和改革委员会、中华人民共和国外交部和中华人民共和国商务部联合发布了《推动共建"丝绸之路经济带"和"21世纪海上丝绸之路"的愿景与行动》,这宣告"一带一路"建设进入全面推进阶段。为了向读者介绍"一带一路"沿线国家,帮助中国人民与乌克兰人民增进相互了解,编者开始着手编写本书,旨在向读者全面展现乌克兰的国家概况。

  在欧洲国家中,乌克兰属于大国。乌克兰领土面积居欧洲第二位,仅次于俄罗斯;人口数量居欧洲第三位,仅次于俄罗斯和法国。乌克兰的战略地位极为重要,它地处欧洲腹地,在北约和俄罗斯之间,对于整个欧洲的安全与稳定具有重大意义。

  近年来,中国已成为乌克兰的第一大进口来源国、第二大贸易伙伴和第二大出口国。乌克兰地处欧亚接合部,拥有得天独厚的地理优势,多条运输走廊可为运往亚非欧三大洲的货物提供服务。乌克兰是最早响应中国"一带一路"倡议的国家之一。目前中乌两国正在制订和完善有关进一步推进合作协议落实的"行动路线图"。

  本书系统、全面地介绍了独立后的乌克兰,全书分上下两篇共十三章。上篇包括地理、简史、政治、军事、文化、社会、外交和经济;下篇包括中乌政治关系的发展、中乌经贸合作的历史发展、中乌经贸合作现状、现阶段中乌经贸合作的问题与对策、中乌经贸合作发展前景。本书对乌克兰的基本国情和国内动态进行了描述,这对认识乌克兰将会提供十分有益的帮助。

  本书由教育部人文社会科学重点研究基地黑龙江大学俄罗斯语言

文学与文化研究中心研究员姜振军组织编写，为教育部人文社会科学重点研究基地重大项目"'一带一路'框架下中俄合作机制、模式与路径研究"（项目编号：17JJDGJW004）的阶段性成果，同时被纳入教育部人文社会科学重点研究基地黑龙江大学俄罗斯语言文学与文化研究中心"俄罗斯百年文库"丛书。

本书由刘柏威、李睿思编写，其中刘柏威编写了上篇的第一章至第八章，李睿思编写了下篇的第九章至第十三章。由于编者能力有限，书中存在问题在所难免，恳请广大读者批评指正。

编　者

2018年6月

目 录

● 上篇

第一章 地理 ······3
　第一节 地理位置 ······3
　第二节 气候 ······3
　第三节 地形与地质结构 ······4
　第四节 主要河流和湖泊 ······6
　第五节 自然资源 ······8
　第六节 行政区划 ······10

第二章 简史 ······11
　第一节 远古时期 ······11
　第二节 基辅罗斯时期 ······12
　第三节 外族入侵 ······13
　第四节 20世纪初的乌克兰 ······15
　第五节 乌克兰独立时期 ······20

第三章 政治 ······22
　第一节 国家标志 ······22
　第二节 议会 ······24
　第三节 选举制度 ······25
　第四节 政府 ······27
　第五节 司法机关 ······28

第四章 军事 ······30
　第一节 建军史 ······30
　第二节 军队机构 ······32
　第三节 兵役制度 ······34
　第四节 国防政策与军事战略 ······35

第五节　军事合作……………………………………36
第五章　文化……………………………………………39
　　第一节　语言文字……………………………………39
　　第二节　文学…………………………………………40
　　第三节　艺术…………………………………………45
第六章　社会……………………………………………49
　　第一节　人口与民族…………………………………49
　　第二节　宗教…………………………………………50
　　第三节　传统风俗……………………………………51
　　第四节　节假日………………………………………53
　　第五节　教育…………………………………………55
　　第六节　科技…………………………………………59
　　第七节　卫生…………………………………………60
　　第八节　文化传媒……………………………………63
第七章　外交……………………………………………65
　　第一节　对外政策……………………………………65
　　第二节　同俄罗斯的关系……………………………66
　　第三节　同中国的关系………………………………70
　　第四节　同美国的关系………………………………72
　　第五节　同欧盟、北约的关系………………………73
第八章　经济……………………………………………75
　　第一节　概况…………………………………………75
　　第二节　农业…………………………………………80
　　第三节　工业…………………………………………82
　　第四节　交通运输业…………………………………88
　　第五节　旅游业………………………………………89
　　第六节　对外贸易……………………………………91

下篇

第九章　中乌政治关系的发展 ……………………………… 103
　　第一节　中乌友好关系回顾 ………………………………… 103
　　第二节　中乌友好关系现状 ………………………………… 104
第十章　中乌经贸合作的历史发展 …………………………… 108
　　第一节　中乌经贸合作历史发展阶段 ……………………… 108
　　第二节　中乌经贸合作发展特点 …………………………… 111
第十一章　中乌经贸合作现状 ………………………………… 114
　　第一节　中乌经贸合作现状 ………………………………… 114
　　第二节　中乌经贸合作现阶段特点 ………………………… 116
第十二章　现阶段中乌经贸合作的问题与对策 ……………… 120
　　第一节　中乌贸易合作的互补性分析 ……………………… 120
　　第二节　中乌经贸合作现阶段存在的问题 ………………… 124
　　第三节　改善中乌贸易合作路径与对策 …………………… 128
第十三章　中乌经贸合作发展前景 …………………………… 131

参考文献 ………………………………………………………… 142

上篇

第一章 地理

第一节 地理位置

乌克兰位于欧洲东部，黑海、亚速海北岸。乌克兰领土东西长约1 300千米，南北长达900千米。领土最北端为切尔尼戈夫州，最南端原为克里米亚，最东端为卢汉斯克州，最西端为外喀尔巴阡山脉。

乌克兰地理位置重要，北面与白俄罗斯为邻，西邻波兰、斯洛伐克、匈牙利，西南与罗马尼亚、摩尔多瓦毗邻，东北部与俄罗斯接壤，南面和东南面是黑海和亚速海。

第二节 气候

受大西洋暖湿气流影响，乌克兰大部分地区为温带大陆性气候。大陆性气候特征由西部和西北部向东部和东南部方向逐渐增强。随着大陆性气候的增强，夏季较热，冬季较冷，降水量随之减少。整个乌克兰的夏季温暖且时间长，东部和南部炎热干燥，西部温暖湿润。冬季则因区域的不同而不同，南部和西部冬季温和，东北部冬季寒冷。

乌克兰大部分地区平均最低温度（1月份）为-7℃~0℃，平均最高温度（7月）为18℃~23℃。夏季，全国绝大部分地区最高气温为36℃~39℃，而冬季最低气温，东部地区为-40℃左右，南部地区为-30℃。季节性温度因地区而异，南方平均气温超过20℃的时间为4个多月，西部和北部大约为3个月；平均气温低于0°C的时间，南方为1~2个月，东北部约为4个月。

降水量对乌克兰气候的形成有重要影响，降水量随地区和季节的分布不同而不同。乌克兰喀尔巴阡山脉地区降水量最多（每年高达1 600毫米）。其余地区降水量为700~750毫米（西北部），300~350毫米（东南部）不等。降水多集中在6、7月份。降水量在干旱年份会显著减少：亚速海和黑海的沿海地区只有100毫米，草原地带为150~200毫米，森林草原带达250~350毫米。

乌克兰空气相对湿度指数平均每年为65%~70%，而夏季降低到55%~60%（东南部在一些干旱年份仅为10%）。乌克兰绝大部分地区夏季天气干燥，土壤中水分主要在秋季、冬季和春季积聚。

乌克兰主要的降水量集中在夏季，具有分布不均的特点。南方降水量最大，有时一个月的降水量可达全年降水量的30%~50%，而到下一年的这个月可能会完全没有降水，有时还会连续2~3个月毫无降水（尤其是在秋季）。乌克兰干旱天气平均每2~3年出现一次，对农业生产造成严重威胁。

冬季全国各地降雪，2月降雪量达到最大值，积雪的厚度取决于冬季总的降雪量、风的方向和强度、降雪的稳定性、植被性质和土壤特点。波里希林区积雪厚度可达10~17厘米，有时冬季则完全没有积雪。喀尔巴阡山区积雪量较大，可达60~70厘米，一直到来年的4月甚至5月初才会开始融化。在某些年份的5月，北方冷空气也会带来降雪。

第三节　地形与地质结构

乌克兰大部分地区属于东欧平原，地势平坦。平原地带的最高点是霍京高地，平原地带的最低点是黑海和亚速海沿岸。第聂伯河右岸地区为主要高地地区，有第聂伯河沿岸高地、波多利耶高地和沃伦高地。低地主要位于乌克兰北部、中部和南部，有波列西耶低地、黑海沿岸低地和第聂伯河沿岸低地。低地占国土面积的71%，丘陵和山区分别占26%和3%。乌克兰的西部是山地，主要是喀尔巴阡山，南部有克里木山脉，东南为亚速海近岸丘陵和顿涅茨岭。

喀尔巴阡山脉是阿尔卑斯山脉的东部延伸，位于利沃夫市西南100余千米处的喀尔巴阡山，素有"森林公园"的美誉，乌克兰最大的滑雪基地修建于此处。

喀尔巴阡山脉是阿尔卑斯造山运动前期构成的褶皱山脉，后持续上升又历经风化侵蚀，山势浑圆，因断层作用，有着极为显著的块状地形。喀尔巴阡山脉的海拔一般在2 000米以下，由于地势不高，冰川地貌仅出现于少数几座较高的山峰。喀尔巴阡山脉可以划分为西喀尔巴阡山、中喀尔巴阡山、东喀尔巴阡山、南喀尔巴阡山、比霍尔山地及特兰西瓦尼亚高原，每段特点各有不同。西喀尔巴阡山是喀尔巴阡山脉最高的一段，同时也是最宽的一段。格尔拉赫峰是全喀尔巴阡山脉的最高峰，海拔2 655米，

喀尔巴阡山脉的气候属于西欧海洋性与东欧大陆性之间的过渡型。1月平均气温为-5℃~-2℃，7月平均气温为17℃~20℃，年降水量为800~1 000毫米，在最高地段和迎风坡年降水量可达1 200毫米以上，而山麓和内部盆地一般只有600~800毫米。喀尔巴阡山脉夏季降水较多，冬季积雪期可达5个月。喀尔巴阡山脉的雨水、雪水成为许多大河的水源，这些河流有多瑙河、奥德河、维斯瓦河等，这些河流的洪水期一般在春季和夏季。喀尔巴阡山脉和许多大山一样，植被和土壤呈垂直分布，北坡海拔550~600米和南坡700~800米以上的地带为山毛榉林，以下为栎林。

乌克兰位于东欧平原地带，黑土面积分布大，是世界三大主要黑土分布区。乌克兰平原可划分为高地平原和低地平原，高地平原有沃伦高地、波多利耶高地、第聂伯河沿岸高地、顿涅茨高地、亚速海沿岸高地及中俄罗斯高地。高地平原面积占国土总面积的25%，低地平原面积占国土总面积的70%，包括波列西耶低地、第聂伯河沿岸低地及黑海沿岸低地。

第四节　主要河流和湖泊

乌克兰境内河流湖泊众多，大小河流约有7.3万条，其中河流长度超过100千米的有一百多条，河流总长度约为24.8万千米，能绕地球赤道6圈多。主要河流包括第聂伯河、德涅斯特河、南布格河、杰斯纳河、北顿涅茨河等。

第聂伯河是乌克兰最大的河流，被奉为乌克兰的母亲河，其全长2 285千米，在乌克兰境内的部分长1 005千米，流域面积50.3万平方千米，是欧洲流域面积和长度排名第三的河流（在伏尔加河和多瑙河之后）。第聂伯河流经白俄罗斯、乌克兰后注入黑海，是乌克兰最重要的内河航道，通航里程2 075千米，将乌克兰分为右岸乌克兰和左岸乌克兰。第聂伯河为乌克兰人民提供丰富的电力和方便、低价的运输条件，并满足了全国75%的淡水需求，在国家基础设施建设中起着重要作用。河上建立了6座水电站，最著名的是位于扎波罗热的第聂伯河水电站。

德涅斯特河是乌克兰的第二大河流，长1 352千米，流域面积7.21万平方千米，发源于东喀尔巴阡山脉海拔900米的罗兹鲁契山，大致呈西北—东南流向，最后注入黑海德涅斯特湾。德涅斯特河河网稠密，支流众多，在波多利斯克高原形成诸多瀑布，其中最大和最高的平原瀑布（也是乌克兰最大最高的平原瀑布）是朱林斯基瀑布（高16米）。德涅斯特河峡谷自然景观独特，而且在居民供水、灌溉、航运、电力供应方面发挥了至关重要的作用。德涅斯特河流域主要的水库和水电站有杜博萨雷水库和德涅斯特水电站。

南布格河是乌克兰西南地区最大的河流，长806千米，流域面积6.37万平方千米，发源于波多利耶丘陵，呈曲折的东南流向，最后注入黑海布拉格河口湾。河水主要用于灌溉和供水，建有13个小型水电站和1个水库。河口的尼古拉耶夫市是重要的舰船制造中心。

北顿涅茨河流经乌克兰东部，长1 053千米，流域面积9.89万平方千米，是顿河右岸最大的支流，呈曲折的东南流向，与顿河在俄罗斯的罗斯托夫州内河汇合。上游建有水库，向哈尔科夫供水，中游建有北顿涅茨河—顿巴斯运河（130千米），向顿涅茨克供水。

杰斯纳河是第聂伯河左岸的最大支流，长1 130千米，流域面积8.89万平方千米，发源于俄罗斯斯摩棱斯克州叶利尼亚附近的沼泽区，向南流入乌克兰，在基辅市北注入第聂伯河的卡涅夫水库，属于乌克兰的小型渔业水域。杰斯纳河水域中有至少35种鱼类。

乌克兰境内约有2万个湖泊，多位于冲积平原。喀尔巴阡山脉地区的湖泊大部分小而深，水质干净。波多尔斯基山地区的湖泊小而浅，夏天温度较高。多瑙河流域有大量湖泊，其中最大的是亚尔普格湖，最深的是卡古尔湖。

亚尔普格湖是乌克兰最大的天然湖泊，位于敖德萨州。湖上已建桥路（伊兹梅尔—雷尼道）水坝，长39千米，宽15千米。湖水面积149平方千米，平均深度2米，最深处5.5米。亚尔普格河从北部流入亚尔普格湖，矿化度为1~1.5克/升，底部覆有暗灰色和黑灰色硫化物，浅水区底部为沙子。

库古尔卢伊湖位于敖德萨州瓦尼诺和伊兹梅尔区，属于填充类湖泊。湖水面积94平方千米，已被列入拉姆萨尔湿地公约保护名单。

卡古尔湖是多瑙河下游的冻湖，位于敖德萨州雷尼区雷尼市东部，湖水面积呈季节性变化，最大深度7米，平均深度1.5~2米。该湖南部相对宽阔（最宽处达11千米），北部较狭长。夏天的温度高达30℃，冬季湖面结冰。卡古尔河从北端流入卡古尔湖，湖的北岸的一小部分（约1千米）位于摩尔多瓦境内，建有用于灌溉的泵站。

卡特拉布赫湖位于敖德萨州伊兹梅尔地区，多瑙河下游，长21千米，宽度1~11千米，湖水面积67平方千米，深4米。夏季水温为24~26℃，冬季湖面结冰。

斯维佳斯湖是乌克兰最深的湖泊，水深达58.4米，湖水面积为26平方千米。

第五节　自然资源

一、水资源

乌克兰水资源具有多样性，几乎包括所有类型的水资源。在数量上，乌克兰人均淡水储量为1 140立方米。

乌克兰水资源结构包括地表水和地下水，其中地表水覆盖了乌克兰4%的领土。地表水包括河流、水道（包括人工运河）和湖泊。乌克兰的饮用水主要来源于第聂伯河流域。

乌克兰的水道主要用来调节地表水的分布，以确保干旱地区有水可用。第聂伯河—亚速海沿岸地区水道（事实上是一个大的水隧道）是乌克兰也是欧洲最大的水道。境内较大的水道有第聂伯河—顿巴斯运河、第聂伯河—克里伊沃罗格运河、北克里木运河、舍维尔斯基—顿涅茨克—顿巴斯运河、卡霍夫斯基运河。

测量表明，乌克兰地下水资源储量约为70亿立方米/年，主要集中在西部和北部地区，与地表水一样分布不均，大大制约了国民经济发展中以及人民生活中淡水的使用。

二、矿产资源

乌克兰是一个矿产资源储量十分丰富的国家，其地下矿藏储量占世界总储量的5%左右，在欧洲排名第一位。乌克兰国内已发现2万多个矿产地和200多个品种的矿藏。

乌克兰矿产资源丰富，主要有煤、石油、天然气、铁、锰、钛、汞、镍、陶土、石墨、石材等。煤在乌克兰的能源资源中占据主导地位，最大的煤田是顿涅茨克煤田，另外还有顿巴斯煤田（经多年开采已近枯竭）、利沃夫—沃伦煤田、第聂伯煤田；最大的石油-天然气矿位于第涅伯彼得罗夫斯克—顿涅茨克地区，近黑海；铁矿主要位于克里伊沃罗格和亚速—黑海铁矿地区；大型锰矿产地近第涅伯罗流域。已探明的铁矿石储量有275亿吨，锰矿石储量超过21亿吨，位居世界前列。

乌克兰能源资源较为缺乏。石油和天然气匮乏比较，80%的石油和天然气蕴藏在第聂伯罗彼得罗夫斯克州和黑海沿岸，目前，乌克兰绝大部分的石油和天然气主要依赖于进口（主要为俄罗斯）。

乌克兰有色金属矿产缺乏，但钛精矿、汞储量可观，铜矿储量还未完全探明。矿物盐、硫、石墨、高岭土等非金属矿产储量相当可观，有些矿类甚至为乌克兰独有，但这些矿产的经济价值相对较小。

三、森林、土地资源

乌克兰森林面积比较小，占全国领土的17.5%，林地总面积为1 050万公顷，其中，森林覆盖面积为940万公顷（2015年数据），跨越三个植被带：森林沼泽带、森林草原带和草原带。

乌克兰森林资源缺乏。森林资源的人均占有量仅为世界平均水平的1/7。然而，在喀尔巴阡山脉和波里希地区森林产量相当高，以较有价值的针叶林（松树、云杉）和硬木（橡木、榉木）为主。森林是木材、药材等的主要来源，此外，森林还具有涵水、防护、修养、净化等功能，为了提高森林产量、林木质量，乌克兰政府已采取措施营造适合树木生长的环境：改善排水系统，防止林区积水，做好防火措施，预防病虫危害等。

乌克兰森林分布很不均衡，主要分布在喀尔巴阡山、波列西耶地区、森林草原地带、草原地带。

乌克兰森林覆盖率较大的州有外喀尔巴阡州、伊万诺—弗兰科夫斯克州、罗夫诺州、日托米尔州、沃伦州、切尔尼戈夫州。

乌克兰树林主要是珍贵的针叶林和硬质阔叶林，树种有松树、橡树、云杉、山毛榉、赤杨、桦树、榛树、柃树、山杨等。总木材储量为17.4亿立方米，水源涵养林、防护林以及其他生态林占51%，可采伐林木占49%。

土地资源意义重大。乌克兰至少63%的面积为农业用地，54%为耕地，是世界上农业面积最大的国家之一（平均开垦率为10%）。乌克兰三分之二的耕地为黑钙土，占世界黑钙土总面积的三分之一，土壤肥力非常高。森林草原地带的土壤最好，有利的农业气候也使得农作物的产量大大提高。然而，波里希地区土壤水分过多、草原地带干燥的气候以及土壤的盐碱化限制了土地资源的潜能。乌克兰人均耕地面积约为0.6公顷。赫尔松地区人均耕地面积最高，超过1.5公顷，喀尔巴阡地区人均耕地面积最低，为0.15公顷。

乌克兰的农业用地形式主要表现为耕地，其次为牧场和割草场。农业用地比例随地区变化：草原和森林草原地区70%~80%的土地为农业用地，喀尔巴阡山和波列斯克地区的农业用地不超过60%。

第六节　行政区划

乌克兰全国原有27个行政区划：24个州、1个自治共和国（克里米亚自治共和国）、2个直辖市（基辅直辖市和塞瓦斯托波尔直辖市）。具体如下：基辅州、文尼察州、沃伦州、第涅伯罗彼得罗夫斯克州、外喀尔巴阡州、日托米尔州、扎波罗热州、基洛沃格勒州、伊万诺—弗兰科夫斯克州、尼古拉耶夫州、敖德萨州、波尔塔瓦州、罗夫诺州、苏梅州、捷尔诺波尔州、哈尔科夫州、赫尔松州、切尔诺夫策州、赫梅利尼茨基州、切尔尼戈夫州、切尔卡瑟州、顿涅茨克州、卢汉斯克州、利沃夫州、克里米亚自治共和国、基辅直辖市、塞瓦斯托波尔直辖市。克里米亚和塞瓦斯托波尔2014年3月18日并入俄罗斯后，乌克兰政府实际管辖25个行政区划。

第二章 简史

第一节 远古时期

在今乌克兰领土上人类最早出现在约100万年前,考古学家认为这些直立人来自小亚细亚,他们穿过巴尔干和中欧最终到达乌克兰。在乌克兰领土上发现了近30个旧石器时代早期的人类遗址,阿舍利文化时期(旧石器时代早期,距今50万至10万年前),在乌克兰领土的顿巴斯、德涅斯特、日托米尔、上外喀尔巴阡山地区就居住着最古老的东斯拉夫族小型群体。莫斯特文化时期(距今10万至4万年前),这些人已遍布在当今乌克兰领土。尼安德特人约15万年前进入乌克兰。克罗马农人大约3万年以前进入乌克兰,奥瑞纳文化时期(旧石器末期,距今3万至2万年前)和马格德林文化时期(旧石器末期,距今1万年前),形成了具现代身形的克罗马农人。旧石器时代晚期进入乌克兰的还有基里尔人和梁赞人等。

史前时期乌克兰的国土上就不断发生军事冲突,但文化交往也十分频繁。各个强国都觊觎黑海沿岸便利的交通,游牧民族借助天然的通道由草原途经乌克兰南部不断地从中亚涌入欧洲。公元前7至公元前6世纪,希腊人多聚集在黑海北岸、亚速海沿岸和克里米亚。公元前第一千纪年间,辛梅里安人、西徐亚人和萨尔马特人先后占领了乌克兰干草原腹地,与希腊人保持商业和文化关系。公元200年左右,哥特人赶走了萨尔马特人,进入乌克兰,但在375年左右被匈人打垮。公元5至6世纪,保加利亚人和阿瓦尔人取代了匈人。公元7至9

世纪，乌克兰干草原在突厥族哈札尔人汗国的统治下迅速发展，成为商业帝国。9世纪末，马扎尔人打败哈札尔人。10至11世纪，乌克兰南部被佩切涅格人控制，接着又被钦察人所控制。

公元5至6世纪，一些斯拉夫部落开始从喀尔巴阡山脉以北往外迁移，一些向西迁移，另一些则向南迁移进入巴尔干地区。乌克兰西部和中北部的森林区和森林-干草原以及白俄罗斯南部由东斯拉夫人占领，东斯拉夫人继续向外扩展，从东北进入俄罗斯领土。优越的地理和自然环境促使东斯拉夫人大力从事农业和牲畜业以及其他副业，修筑有防御工事的居民点，这些居民点后来发展成重要的商业和政治中心，乌克兰首都基辅就是其中之一。

第二节　基辅罗斯时期

军事力量强大的显贵氏族和部落占领了大量的土地并开始奴役战俘和穷人为其劳动，东斯拉夫的原始社会制度开始解体，逐渐形成了具有早期国家性质的部落联盟，阶级的产生促使东斯拉夫人的许多部落发展成一些公国。当时南方最大的公国是基辅，北方最大的公国是诺夫哥罗德。9世纪，瓦兰吉亚人进入东斯拉夫人的居住地，公元862年，瓦兰吉亚人的军事首领留里克率兵夺取了诺夫哥罗德，留里克死后其亲属奥列格于882年南下征服了斯摩棱斯克、基辅及邻近的诸小公国，将首都从诺夫哥罗德迁至基辅，建立王朝，史称"基辅罗斯"。基辅罗斯的生产力水平较高，直接越过奴隶制社会，由原始社会过渡到封建社会。

公元10世纪末，基辅的版图覆盖了大片地区，从乌克兰开阔干草原的边缘向北扩大到拉多加湖和窝瓦河上游盆地。在弗拉基米尔一世及其子雅罗斯拉夫的统治下，基辅的势力范围达到了顶峰。988年，弗拉基米尔采用基督教为其国教，随着新宗教的进入，建筑、艺术和音乐方面产生了新的变化，出现了书写语言（教会斯拉夫语），开始有了书写文化。此外，弗拉基米尔竭力巩固自己的政权，扩大疆土，修教堂，编法典，译外文书，与欧洲许多国家的王室联姻。当时，基辅罗斯与拜占庭、保加利亚、捷克、匈牙利及其他国家均有政治、贸易和文化等方面的交往。雅罗斯拉夫死后，基辅罗斯进入一个很长的衰退时期。王位继承权的角逐和各王公之间的敌对削弱了基辅罗斯的政治主宰权，最后，基辅罗斯完全瓦解，分裂成一些独立的公国。公元13世纪以后，各公国混战不已，其中加利西亚-沃伦公国占重要地位。

乌克兰、俄罗斯及白俄罗斯都将基辅罗斯看作本民族历史文化的源头。乌克兰的历史文化发展与基辅罗斯的历史密切相关。

第三节　外族入侵

13世纪中期，加利西亚-沃伦公国以及乌克兰地区开始成为周边强国竞相争夺的对象。随后两百年中立陶宛大公国统治了乌克兰的大部分土地。

13世纪30年代，立陶宛大公明多夫格致力于联合各个部落并于1248年将立陶宛大部分土地都归入自己的统治范围内，成为立陶宛的大公。趁基辅罗斯在蒙古的压迫下无暇顾及之际，吞并了哥罗德诺、沃夫科维斯克、斯洛尼姆（黑罗斯）和诺夫哥罗德以及图罗夫-平斯克公国部分土地，随后迁都诺夫哥罗德。

继明多夫格之后格季明任立陶宛大公[①]。1345年，格季明之子奥利格尔德任立陶宛大公，由于在社会和文化发展上立陶宛滞后于基辅罗斯，人口和土地面积上处于绝对的少数，在国家组织与管理和宗教生活方面比较落后，立陶宛采取比较开明的政策，将原有的管理体制原封不动地保留了下来，并照搬罗斯的军队组织结构、防御措施、行政和经济体制、税收政策和法律等，甚至官方语言也采用了罗斯语（乌克兰语和白俄罗斯语）。

14世纪40年代，乌克兰逐渐被波兰人占领，成为波兰的一部分。然而，虽然立陶宛大公格季明已取得加利西亚-沃伦大公王位，但格季明实际上只控制了沃伦一地，此后二十多年波兰与立陶宛展开了对加利西亚和沃伦两地的争夺。1366年两国战争结束，乌克兰变为波兰

---

① 立陶宛公国是一个存在于12世纪（或13世纪）至1569年间的欧洲国家，随后该国成为波兰、立陶宛联邦的组成部分，直到1793年五三宪法被颁布，其独立地位被废除，以使联邦统一。

的享有自治权的省区。

在乌克兰民族历史中，哥萨克[1]具有独特的色彩，给乌克兰历史和文化的发展镌上了深刻的印记。哥萨克的发源地在第聂伯河流域的中部地区，基辅城以南靠近大草原地带。哥萨克的民族与社会成分比较复杂，以乌克兰人为主体，也包括波兰人、立陶宛人、白俄罗斯人、俄罗斯人、摩尔达维亚人甚至鞑靼人。哥萨克作为一种社会阶层是在整个16世纪过程中逐渐形成的。

1653年10月11日，缙绅会议[2]在莫斯科召开，会议上俄国终止与波兰的合约，准备对波开战，接纳乌克兰的城镇与土地。

1654年1月，俄使团抵达乌方确定的会谈地点佩利亚斯拉夫城，乌方在佩利亚斯拉夫广场上召开群众大会，通过了与沙俄统一的决定，即《佩利亚斯拉夫协定》。协定规定俄国保护乌克兰不受鞑靼人侵扰，俄国军队会去斯摩棱斯克攻打波兰军队，在乌克兰与波兰边境地区保持驻防军等。随后，俄国与波兰开始了长达13年的战争。

《佩利亚斯拉夫协定》实际上承认了乌克兰作为一个独立国家的存在，乌克兰拥有自己的领土、军队、外交权、行政管理系统和独特的自治方式、自主的法庭、单独的财政。可以说，乌克兰是在享有广泛自治权的条件下并入沙俄的，但这不能说乌克兰人民获得了"解放"。

经过俄国与波兰的竞相角逐，乌克兰在1663年实际上已经一分为二，亲莫斯科派控制的左岸乌克兰听命于莫斯科，亲波兰派控制的右岸乌克兰听命于波兰。

1667年1月30日，沙俄与波兰在没有乌克兰代表参加的情况下签订了《安德鲁索沃条约》，将右岸乌克兰划归波兰，左岸乌克兰划归俄国，基辅暂由俄罗斯控制，两年后再划归波兰，而扎波罗热塞契置于两国共同庇护下，这样就将乌克兰分割为俄罗斯和波兰分别统治的两个部分。

---

[1] 哥萨克是一群生活在东欧大草原（乌克兰、俄罗斯南部）的游牧社群，是俄罗斯和乌克兰民族内部具有独特历史和文化的一个地方性集团。

[2] 又称国民代表会议，16—17世纪俄国等级代表机构。它的召开标志着俄国等级代表君主制的建立，国家大事，均由贵族、僧侣、城市民众3个等级代表参加的缙绅会议讨论决定。

18世纪，俄罗斯帝国又相继把乌克兰和黑海北岸大片地区纳入自己的版图。至1815年，除奥地利帝国占有的加利奇亚东部地区、北布克维纳和外喀尔巴阡地区尚不在俄罗斯帝国手中外，乌克兰其他地区都在其控制下。

第四节　20世纪初的乌克兰

一、20世纪初

20世纪初，俄国的工业危机使工人的生活状况进一步恶化，各种矛盾空前尖锐：工人运动此起彼伏，农民起义声势浩大，士兵骚动不断发生，民族解放运动日益高涨，此外，沙俄在日俄战争中的失败更加重了人民的苦难，人民对生活现状越来越不满。1905年俄国爆发了第一次资产阶级民主革命，乌克兰大规模的政治罢工主要发生在基辅、哈尔科夫、尼古拉耶夫、敖德萨和叶卡捷琳诺斯拉夫；1905年秋，全国三分之一以上的县发生农民起义，在乌克兰就有三百多起捣毁地主庄园事件；沙俄军队中兵变频频发生，其中包括同年12月初乌克兰的基辅工兵起义和哈尔科夫武装起义。

1917年至1921年期间，乌克兰各地不同的政治、种族和社会群体间发生了一系列政治和军事冲突。

1917年，俄国二月革命期间，乌克兰各地纷纷举行游行、集会和罢工，要求废除沙皇政权，建立工兵代表苏维埃。

1917年3月，乌克兰资产阶级和小资产阶级民族主义政党在基辅成立中央拉达[1]，行使国家议会功能。1917年底，乌克兰东部地区在布尔什维克的领导下建立社会主义性质的苏维埃政权，成立乌克兰苏维埃社会主义共和国。1918年1月，中央拉达宣布成立独立自治的乌

---

[1] 1917年3月16日，来自基辅和其他各省的乌克兰组织的代表（一百多人）举行了一次聚会。就在这次会议上提出了建立中央拉达，以示该组织在性质和政治主张上均有别于当时存在于乌克兰乃至全俄国的苏维埃组织，该组织本身就是凝聚乌克兰力量的中心。

克兰人民共和国，完全脱离俄罗斯。至此，乌克兰两个政权的局面形成，即布尔什维克领导下的乌克兰苏维埃社会主义共和国和中央拉达领导下的乌克兰人民共和国。

1918年2月29日，布尔什维克①与中央拉达两个政权的军队在基辅近郊展开激战，布尔什维克一方取得胜利，占领并迁都基辅，中央拉达政权土崩瓦解，领导人逃往国外。

1918年3月8日，布列斯特和约②签署以后，苏俄政府被迫承认乌克兰中央拉达，德国军队依据条约开始进攻乌克兰苏维埃政权，乌克兰布尔什维克进行反抗，但由于力量悬殊，德军最终占领乌克兰大部分地区，中央拉达势力复辟。

1918年4月，由于中央拉达无法稳定国内政治局势并确保《布列斯特和约》的成功兑现，德国解散中央拉达，建立起以斯科罗帕茨基为首的黑特曼政权。同年7月，乌克兰布尔什维克召开第一次代表大会，建立乌克兰布尔什维克党，在反黑特曼政权斗争中发挥了重要作用。

1918年秋，第一次世界大战以德国的失败而告终，奥匈帝国垮台，东加利西亚建立起西乌克兰人民共和国③，与此同时，波兰—乌克兰战争爆发，西乌克兰人民共和国失败，大部分领土被波兰和罗马尼亚控制。1918年底，德国军队从占领土地上撤出之后，乌克兰人民共

---

① 布尔什维克党是早期的俄罗斯工人阶级党的一个派系（另一派为孟什维克）。
② 布列斯特和约，全称《布列斯特—立托夫斯克和约》，是1918年3月3日，第一次世界大战末期中苏俄政府与德国及其同盟签订的和约。它是以列宁为首的布尔什维克党为保存新生的苏维埃政权而采取的妥协性行动，使苏俄尽早退出第一次世界大战，为巩固苏维埃政权、恢复和发展经济、建立红军赢得了喘息时间。
③ 西乌克兰人民共和国是在1918年末至1919年初短暂出现在加利西亚东部的共和国，领土范围覆盖布科维纳和喀尔巴阡鲁塞尼亚部分地区及利维夫、普热梅希尔、科罗亚、史坦尼斯拉维夫（即现在的伊万诺—弗兰科夫斯克）等城市。西乌克兰人民共和国在1918年11月1日宣布立国，脱离奥匈帝国。

和国①军队占领基辅，推翻黑特曼政府。1919年1月22日，西乌克兰人民共和国宣布与乌克兰人民共和国合并，实际上政府架构和管辖下的乌克兰加利西亚军维持不变。1919年3月至6月，苏维埃军队占领乌克兰南部地区及克里米亚半岛。

1919年3月10日，布尔什维克在哈尔科夫宣布乌克兰苏维埃社会主义共和国独立，并通过第一部宪法。

1919年，英、美、法、日等外国武装干涉者在南俄和乌克兰建立以邓尼金为首的军事独裁统治。邓尼金占领了基辅及几乎乌克兰全境。1920年3月，邓尼金被红军②打垮，他在乌克兰的独裁统治被彻底推翻。

1919年秋，局势发生根本性变化，变得有利于红军，乌克兰境内的白军③后方内斯托尔·马赫诺军起义，最终，红军击败白军，1919年底进入乌克兰。1919年底至1920年底，红军占领了乌克兰主要领土。

1920年4月，乌克兰资产阶级民族主义政权④为了得到波兰承认，与波兰签订了放弃西乌克兰（东加利西亚和西沃伦）的协定。接着，波兰军队对俄、乌不宣而战，中部乌克兰和第聂伯河右岸乌克兰地区沦为战场。1921年3月，俄国为了尽快结束战争，在乌克兰代表参加的情况下，同波兰签订了有利于波兰的《里加和约》，将东加利西亚和西沃伦划归波兰。

---

① 乌克兰人民共和国，是俄国十月革命以后，由乌克兰人所短暂建立的国家，1918年2月正式建立，1920年2月灭亡，为与社会主义国家相区别，有时也称为乌克兰民族共和国。
② 根据列宁的建议，1918年1月28日苏维埃人民委员会通过关于建立工农红军的法令。红军最高领导机关是列宁领导的人民委员会，直接指挥机关是军事人民委员部。
③ 白军，苏联建国初期1918—1920年间的内战中反对苏俄的军队，主要由支持沙皇的保皇党、军国主义者、自由民主分子和温和社会主义者组成，与苏俄红军对立。
④ 1917年3月，在莫斯科爆发二月革命，建立资产阶级政权的同时，乌克兰民族主义者也在基辅建立了资产阶级民族政权"中央拉达"，并于同年11月4日宣布乌克兰独立。

二、苏联时期

1922年12月30日，俄罗斯苏维埃联邦社会主义共和国、乌克兰苏维埃社会主义共和国、白俄罗斯苏维埃社会主义共和国和外高加索苏维埃联邦社会主义共和国共同签署关于成立苏维埃社会主义共和国联盟的协议。自此，苏联成立。

1920年至1930年期间，乌克兰苏维埃政府在国内实行"乌克兰化"即"本土化"政策，布尔什维克通过扩大乌克兰语在教育、科学、媒体、军队和党政中的应用范围，试图减少乌克兰人民对乌克兰苏维埃政权的敌意。

20世纪20年代初至30年代初，乌克兰及整个苏联实行了集体化的政策。集体化政策的错误在于政府为了发展工业加紧出口粮食，过度提高粮食征购量，集体农庄为完成征购任务，将农庄农民家里仅存的维持生存的口粮也收走了。最终导致了苏联多个地区包括乌克兰苏维埃社会主义共和国在内的大饥荒的发生。

1930年，苏联实行工业化，其中包括乌克兰苏维埃社会主义共和国。1934年，乌克兰苏维埃社会主义共和国将首都从哈尔科夫迁往基辅。

1939年8月24日，随着第二次世界大战的开始，波兰政权瓦解，西乌克兰并入乌克兰苏维埃社会主义共和国。

1940年，随着苏联的不断强大，苏联迫使罗马尼亚达成协议，将部分比萨拉比亚地区[①]和北布科维纳等并入乌克兰苏维埃社会主义共和国。

1940年12月18日，德国通过了"巴巴罗萨计划"[②]，并于1941年6月22日袭击苏联。历时四年的苏联卫国战争拉开序幕。1941年9月19日，德国及其盟国的军队占领基辅和第聂伯河右岸。同年10月

---

① 比萨拉比亚是东欧的一个地区，包括摩尔多瓦共和国全境和乌克兰敖德萨州的几个区。苏联解体前，这一地区全部处于苏联境内；苏联解体后则分属于摩尔多瓦和乌克兰两个国家。
② "巴巴罗萨计划"是纳粹德国在第二次世界大战中发起侵苏行动的代号。1941年6月—1942年1月，发生于苏联及东欧地区。原名为"奥托计划"，后于1940年12月改为"巴巴罗萨计划"。

24日，占领哈尔科夫以及第聂伯河左岸。1942年6月至7月，占领克里米亚和库班。1943年2月，苏军在斯大林格勒成功阻止敌人的强攻，并于同年8月库尔斯克战役胜利后取得作战主动权。1943年11月6日，苏联军队解放了基辅，并在1944年4月至5月解放第聂伯河右岸和克里米亚。1944年8月末，苏军解放西乌克兰并开始向被德军占领的中欧国家进攻。1945年5月2日，苏军攻入德国首都柏林。同年5月8日战争结束，德国投降。

1944年10月，苏军解放了外喀尔巴阡乌克兰。1945年6月29日，苏联政府与捷克斯洛伐克共和国签订外喀尔巴阡乌克兰条约，将外喀尔巴阡乌克兰划归乌克兰。至此，完成了乌克兰全部领土的统一，乌克兰苏维埃社会主义共和国①成立。乌克兰苏维埃社会主义共和国是苏联创始加盟共和国之一，是第二大加盟共和国。

第二次世界大战中，德军占领乌克兰后给乌克兰人民带来严重损失，大量定居点被破坏，700多个城市和28 000多座村庄被摧毁，乌克兰死亡人数约为800万到1000万人，恢复性建设需要倾注大量物资和人力。1946年，乌克兰实施第4个五年计划(1946—1950年)。至1985年，乌克兰执行第11个五年计划。1986年，在苏共二十七大上，制定了1986年至1990年及至2000年苏联经济和社会发展基本方针。

1953年斯大林去世之后，赫鲁晓夫成为苏共中央第一书记。赫鲁晓夫曾于1938年至1949年任乌克兰苏维埃共产党第一书记，非常熟悉乌克兰苏维埃，执政后的赫鲁晓夫强调乌克兰人民和俄罗斯人民之间的友谊。1954年4月，为了纪念"乌克兰与俄罗斯统一300周年"，苏联将俄土战争中夺取的克里米亚划赠给乌克兰，乌克兰在此后的60年中拥有了包括克里米亚在内的领土，直到2014年克里米亚归并俄罗斯。1986年4月26日，乌克兰切尔诺贝利核电站发生重大事故，该事故被认为是历史上最严重的核电事故，也是首例被国际核事件分级表

---

① 1920年，乌克兰与俄罗斯签订联盟条约。1922年12月，第7次全乌克兰苏维埃代表大会倡议成立苏联。1922年12月30日，乌克兰与俄罗斯、白俄罗斯和南高加索联邦等国共同成立了苏联。1939年9月1日，德国法西斯进攻波兰，导致波兰政府灭亡。1939年9月17日，苏联红军出兵占领了被波兰管辖的西乌克兰。1939年11月，西乌克兰正式成为乌克兰加盟共和国的组成部分。

评为第七级事故的特大事故（目前为止第二例为2011年3月11日发生于日本福岛县的福岛第一核电站事故）。这次灾难所释放出的核辐射剂量是第二次世界大战时广岛原子弹的400倍以上，切尔诺贝利核电站因此被废弃。这场灾难的损失大概两千亿美元。

　　苏联时期，乌克兰的科学、文化、经济都有显著的发展，人民生活水平也大大提高。然而，20世纪末期，美苏争霸使得苏联为了满足军事上的需求，一味地侧重发展军火工业和重工业，导致农业、轻工业和重工业比例失调，严重影响了苏联的经济发展。苏联几任领导人都对旧的经济体制进行了改革，但始终没有从根本上改变中央计划经济体制，收效甚微。1985年以后，乌克兰及苏联的经济发展陷入停滞状态，人民生活水平提高缓慢，乌克兰与其他加盟共和国一起开始探索另一条全新的出路。

第五节　乌克兰独立时期

　　莫斯科八月政变①失败后，1991年8月24日，乌克兰最高苏维埃宣布乌克兰独立，这一天被正式确定为乌克兰独立日。1991年12月1日乌克兰举行全民公决，投票人数占共和国总人数的84.18%（31 891 742人），其中90.32%的公民赞同乌克兰独立，7.58%的公民反对乌克兰独立。

　　1991年12月8日，在离白俄罗斯别洛韦日森林中的一个名叫维斯库利小村庄不远的地方，俄罗斯联邦总统叶利钦、乌克兰总统克拉夫丘克、白俄罗斯共和国最高苏维埃主席舒什科维奇在严格保密的情况下解散苏联，成立独立国家联合体，历史上称为《别洛韦日协议》，乌克兰最终独立。

　　苏联解体前，乌克兰在全苏经济中占有举足轻重的地位。以独立

---

① 八一九事件，又称"苏联政变""八月政变"，指1991年8月19日至8月21日在苏联发生的一次政变，当时苏联中央政府的一些官员企图废除苏联总统戈尔巴乔夫并取得对苏联的控制。此次政变虽然在短短三天内便被瓦解，且恢复了戈尔巴乔夫的苏联总统权力，但此事件粉碎了戈尔巴乔夫希望苏联至少在较松散体制下维持一体的梦想。

前的1989年为例，乌克兰生产的钢占全苏总产量的34%，铁占40%，谷物占25%。因此独立之初，很多人认为乌克兰独立后经济将很快得到恢复和发展，乌克兰摆脱苏联后的日子将会更好过。但是事实却与人们的期望完全相悖。自1991年8月24日乌克兰宣布独立以来，经济形势持续恶化，人民生活水平急剧下降，经济危机的深度和广度堪称独联体国家之最。

1991年独立后，乌克兰经济形势持续恶化，经济实力急剧下降。在所有经济转轨国家中（不包括受战争影响的前南斯拉夫国家），乌克兰的经济危机最为严重。1992—1997年，乌克兰的国内生产总值均为负增长，其中1994年的负增长率高达24%。1996年有所好转，但仍然高达10%。官方统计数字表明，1996年乌克兰的实际国内生产总值只相当于1990年的43%；1992—1995年，工业产值和基建投资减少了50%，农产品减少了25%。

2013年11月，乌克兰政府决定中止与欧盟联系国的谈判，乌克兰亲欧盟示威运动开始，这也导致了2014年2月的严重政治危机和此后的政府更迭。2014年2月22日，乌议会罢免了总统亚努科维奇的职位。但俄政府拒绝承认乌克兰新政府的合法性，坚持认为亚努科维奇为乌克兰的合法总统，俄罗斯总统普京呼吁联邦委员会准许在乌克兰境内使用武装力量并得到俄罗斯议会上院批准。两国间关系进一步紧张。

2014年3月11日，克里米亚上演大规模的社会和政治变革。克里米亚议会以78票赞同（共81票）的结果，通过了克里米亚自治共和国独立宣言。同年3月17日，克里米亚自治共和国举行公投，96.6%的选民赞成克里米亚自治共和国加入俄罗斯，俄罗斯同意克里米亚自治共和国加入俄罗斯联邦。联合国大多数会员国宣布不承认克里米亚自治共和国加入俄罗斯。同年4月15日，乌克兰最高拉达（议会）宣布克里米亚自治共和国是暂时被占领。

2014年4月，顿涅茨克州和卢汉斯克州分别宣布成立顿涅茨克共和国和卢汉斯克共和国。同年4月15日，乌克兰政府军事镇压两州的独立活动。同年5月11日，顿涅茨克州和卢汉斯克州举行公投，同年5月12日宣布独立，但未得到国际认可。

第三章 政治

第一节 国家标志

(一) 国名

12—13世纪,"乌克兰"这一称号在西南罗斯公国开始使用,其最初的含义是指"边区",包括西南罗斯加利西亚公国和沃伦公国,而后才逐渐扩展到包括现在乌克兰的大部分地区。而14—15世纪,乌克兰民族继续形成,拥有了自己的语言、文化和地域。"乌克兰"这一称谓也演变为民族概念、地理概念和语言概念。

(二) 国旗

乌克兰国旗呈长方形,由上蓝下黄两块平行相等的横长方形组成,长宽之比为3∶2。1922年乌克兰苏维埃社会主义共和国加入苏联,1952年开始采用与苏联国旗相似的五角星、镰刀、铁锤图案红旗,不同的仅是旗面下部为蓝色宽边。1991年乌克兰宣布独立后,于1992年恢复使用乌克兰独立时的蓝、黄两色国旗。

第三章 政治

(三) 国徽

盾徽。盾徽的底色为蓝色，盾徽上的金色三叉戟是国徽的主要部分，标志着弗拉基米尔大公时代强盛的基辅国家，象征着乌克兰民族悠久的历史以及发展的连续性，是乌克兰国家观念复兴和为民族独立而战的标志。

(四) 国歌

《乌克兰仍在人间》，也称为《乌克兰尚未毁灭》。1863年，这首歌曲由西乌克兰作曲家、天主教僧侣米卡依罗·维尔毕茨基谱曲，歌词是帕弗罗·朱宾斯基所作的一首爱国诗。

(五) 独立日

1991年8月24日，乌克兰政府发表国家独立宣言，正式宣布脱离苏联独立，改国名为乌克兰。自此8月24日成为乌克兰的独立日。独立日标志着乌克兰和乌克兰人民翻开了历史崭新的一页。每年这一天，乌克兰民众都要上街游行庆祝，高喊口号，纪念乌克兰独立。

(六) 首都

基辅是乌克兰的经济、文化和政治中心。基辅地处乌克兰中北部，第聂伯河中游两岸及其最大支流普里皮亚季河与杰斯纳河汇合处。基辅始建于5世纪下半叶，9—13世纪期间为第一个罗斯国家基辅罗斯的都城和中心，有"罗斯城市之母"之称。19世纪末，基辅因俄罗斯帝国的工业革命而兴起。基辅在经历1917年俄国革命引发的动荡时期后，自1921年起成为乌克兰苏维埃社会主义共和国的重要城市，

1934年后成为首都。第二次世界大战期间，基辅遭受战火蹂躏，但战后快速恢复，成为苏联第三大城市。1991年苏联解体，乌克兰独立，基辅再次成为乌克兰首都。基辅面积782平方千米，人口262.6万（2002年12月31日）。全市分10个行政区。城市属温和的大陆性气候，一月份平均气温-5.8℃，7月份平均气温19.5℃，平均年降水量622毫米。基辅是东欧重要的工业、科学、文化及教育中心，也是许多高科技产业、高等教育机构和历史建筑的所在地。市内设有基辅大学等高等院校，拥有众多科研机构和博物馆、美术馆等。

第二节 议会

　　乌克兰议会（最高拉达）是乌克兰唯一的立法权力机关，是国家常设机构。一年召开两次会议，分别为2月初至7月初和9月初至下年度1月初，其间为夏季和冬季的休会期。如有特殊和紧急情况，议长有权在休会期召集非例行会议。最高拉达实行一院制，设议长一人、第一副议长一人、副议长一人，由450名议员组成，议员由直接普遍平等的选举产生，每五年一届，可连选连任，无任期限制。议会下设27个专门委员会。办公厅是议会最主要的办事机构，下设分别负责议长、第一副议长和副议长事务的3个秘书处，专家局，法律事务局，文件运转保障局，组织事务局，信息保障局，新闻局，外事局，干部事务局，监察局等19个单位。办公厅为议会及各委员会领导配备2~3名助手。

　　议会选举。议员候选人须在选举之日年满21周岁，且选举日前5年期间在乌克兰居住。被判刑的乌克兰公民没有被选举权。除法院认定缺乏行为能力的公民外，凡年满18周岁的乌克兰公民均拥有投票权。议会选举由乌中央选举委员会负责，分为例行选举和提前选举两种。选举采用比例代表制，即各政党和政党联盟制定本党议员候选人名单。议会选举以无记名投票方式进行。获得3%以上选票的政党和政党联盟进入议会，按得票率比例确定每一党派获得的议员席位。进入议会的政党按议员候选人名单将本党获得席位分配给具体成员。

　　乌克兰议会的主要权力有：

　　立法权：对乌克兰宪法进行修改；通过各类法案。

预算审批权：批准乌克兰的国家预算并修改预算；监督乌克兰国家预算的执行，通过关于国家预算的执行报告的决议。

监督权：审议并通过关于赞同乌克兰内阁活动纲要的决议；听取乌克兰总统每年度和非例行的关于乌克兰的对内和对外政策咨文；根据宪法对乌克兰内阁的活动进行监督；批准乌克兰关于向外国和国际组织提供借款和经济援助以及乌克兰从外国、外国银行和国际金融组织获得乌克兰国家预算未加规定的借款的决定，对借款的使用进行监督。

人事权：有权弹劾总统；批准总理、内阁成员及央行行长、总检察长、安全总局局长、国家反垄断委员会主席、国家电视广播委员会主席、国家不动产委员会主席的任命及解除上述人员职务。

第三节　选举制度

一、普选与全民公决

普选与全民公决是全民投票决定特别重大问题的选举制度。1996年乌克兰通过的新宪法，对选举制度做出如下规定：除由法院判定的没有行为能力的公民以外，凡年满18周岁的乌克兰公民，在进行各种选举和全民公决中均有选举权。国家政权机关和地方自治政权机关官员的任职选举采用自由选举方式，通过无记名投票的直接、平等的普选方式保证选民自由表达自己的意愿。选举在严格的民主确定的监督程序下进行。按宪法规定，对于特别重大而具有全民意义的问题，国家、总统、议会以及民众都可以提出采用全民公决（全民投票）的方式解决。在通常情况下，由于采用了三权分立的体制，必须以全民公决的方式解决问题的情况极少发生。但总统和议会发生严重冲突而单方面又不能决策时，总统或议会可诉诸全民公决。总统和议会可按宪法相应规定，单方面主动提出进行全民公决，并指定进行全民公决的日期。1995年，乌克兰总统库奇马就新宪法通过问题曾与议会发生严重对立，并就"信任总统还是信任议会"问题公开提出进行全民公决，后来由于双方妥协才避免了全民公决。由民众提出进行全民公决，须具备一定条件，即须有300万有选举权的人签名要求进行，而且要在三分之二的州都有签名人，每州的签名要达到 10 万人以上。民众提出的全民公决，由国家总统主持进行。解决乌克兰领土问题只能以全民公决方式决定。但是有关税收、国家预算以及大赦问题不能采用全民公决方式。

二、议会选举

议会选举是国家民主的重要保障。乌克兰国家议会的议员，按宪法规定在规定的选区通过民主选举产生。只有被选出的议员人数达到宪法规定的议员总数（450 名）的三分之二，国家议会才是"有全权的议会"。议员要通过无记名投票的直接平等的普选方式产生。当选的议员任期四年。议员候选人需具备的条件：具有选举权的年满 21 周岁的并在乌克兰领土连续居住满五年以上的乌克兰公民。议员的例行选举日期，规定为要在议会任期（四年）结束之前，即第四年 3 月份最后一个星期天进行。在出现议会被总统提前解散的情况下，议员的选举要在国会解散之日起 60 天内进行。具体选举日期由总统规定，选举程序按国家宪法的规定进行。在国家议会为选定国家行政机关、司法机关或其他重要机构领导人（如乌最高检察长、最高法院法官、国家人权委员会主席等）而进行投票时，无论采取公开或不公开投票方式，票数必须达到议会议席的三分之二才能形成决定。国家议会议员的投票采取记名投票方式。

三、总统选举

乌克兰宪法规定，总统选举采用无记名投票的直接平等的普选方式进行。总统候选人应具备的资格：年龄超过 35 周岁、具有选举权的乌克兰公民，并在选举之日前在乌连续居住 10 年以上及掌握乌克兰国语——乌克兰语。总统任期为五年，同一人任总统职务不能超过连续两届（10 年）。国家总统的例行选举须在总统任期结束之前进行，即在总统任职第五年 10 月份最后一个星期天举行。如果总统的权限因某一原因（退休、健康、死亡、受到议会弹劾）而终止时，按宪法规定，要在 90 天内选出新总统。

总统选举程序按照法律规定进行。参加投票的选民人数超过登记选民的 50% 则选举有效。根据乌克兰宪法，在首轮投票中，获得全部选票50%以上的候选人将赢得总统选举。如果所有候选人首轮得票率均未超过50%，则得票数居前的两位候选人进入第二轮投票，获得多数选票的候选人当选总统。第二轮投票应在第一轮投票后的第三个星期日举行。

总统是代表国家的最高元首，是乌克兰武装力量的最高统帅，对内负最高政治责任，对外代表乌克兰。1991年12月，列昂尼德·克拉夫丘克在总统选举中获胜，成为乌克兰历史上首位经全民投票选举上台的总统。现任乌克兰总统为彼得·波罗申科（2014年5月当选并于6月7日就职）。

第四节　政府

乌克兰宪法规定，政府是国家最高权力执行机构。政府主要对总统负责并由总统领导（国家议会的权限也涉及政府的活动，政府也要对议会负责）。

政府的构成。政府成员包括总理、副总理和各部部长。总统经国家议会同意后任免总理。政府人员任职期限为五年。乌克兰中央政府机构包括：首脑办事机构（17个），即总统办事机构，具体有总统行政总局，司法改革总局，军事和权力保护机关工作总局，监察总局，信息政策管理总局，国家司法管理总局，对外政策管理总局，经济政策管理总局，乌克兰最高代表大会常驻总统代表，乌克兰宪法法院常驻总统代表，乌克兰国务记录和总统礼仪管理局，乌克兰最高代表大会、宪法法院和部长办公室联络保障管理局，战略研究管理局，公民问题管理局，减刑问题管理局，公民民情管理局，文件保障管理局；内阁部门（16个），具体有内务部，农业政策和粮食部，外交部，生态和自然资源部，经济发展和贸易部，能源和煤炭工业部，基础设施部，国防部，卫生部，教育、科技、青年和体育部，社会政策部，财政部，司法部，文化部，区域开发、工程建设和住房部，紧急情况部。

政府的职责和权限。按照1996年宪法，政府的使命和权限如下：负责保证国家主权和经济独立，贯彻国家的对内对外政策，执行宪法、其他法律及总统决定；采取措施，保证公民的人权和自由；负责贯彻国家在金融、货币、信贷、投资、税收、劳动就业、社会保障、科技、教育、文化、环保、生态安全、自然利用方面的政策；制定并实施国家的经济、科技、社会文化发展纲要；对国家所有制的对象实施管理，推动其他所有制形式的发展；制定并实施国家预算；采取措施保证国防能力和国家安全，保证国内秩序，同犯罪做斗争；组织并实施对外经济活动；领导并协调政府各部门及其权力执行机构的工作；在政府内部，各部及其他中央一级权力执行机构要分别负责本部门的工作，并对总统负责；各州、各区和各市由当地的国家行政管理机关领导人实施执行权力；地方机关在实施执行权力时实行下级服从上级机关的原则。这样，总统、政府及地方权力执行机构便可以形成垂直领导关系。

第五节　司法机关

乌克兰的司法机关分为最高法院和地方法院，法官由选举产生，任期5年，检察长任期5年。司法监督由总检察长或其下属的地方检察长执行。乌克兰独立后，建立了宪法法院、法院和检察院，形成了自己的完整的司法、护法系统。

（一）宪法法院

宪法法院于1996年10月18日成立，是对任何权力机关和领导人的施政行为是否违反国家宪法而进行监督、审议和裁决的最高护宪机关。在宪法法院正式裁定上述行为主体违宪时，有权予以改正。宪法法院由18名法官组成，任期三年。宪法法院法官须具备的资格：受过法律专业高等教育、从事法律工作10年以上、在乌克兰生活20年以上。其任职期为9年，不得连任。宪法法院的法官只服从宪法，不隶属于任何行政领导人，享有议员豁免权。宪法法院的这种组成方式可使其有效地按照宪法保证宪法履行的严肃性、公正性和普遍适用性。

宪法法院的主要职责：有权解释乌克兰宪法和国家其他法律；审理总统颁布的命令、决定的违宪问题；审理乌克兰立法机关（议会）通过的法律或法律条文违宪问题；审理政府及其他权力机关违宪问题；对是否违宪做出最后裁决。其裁决结果必须执行，从而维护宪法的最高权威和神圣不可侵犯。

(二) 普通法院和经济法院

普通法院是指审理民事、刑事和行政纠纷案件的法院。乌克兰法律禁止建立审判机关外的从事审判活动的机构。法院是唯一行使审判的机构。按法院的级别，又划分为一审法院和终审法院。终审法院负责审理一审法院转交的上诉案件。乌克兰最高法院是普通法院的最高上级机构，其法官根据总统提议由国家议会任命，最高法院负责监督各地普通法院的审判活动，并对普通法院不能决定的重大审判案件做出最后决定。

随着向市场经济过渡，乌克兰在各州、区、城市及克里米亚建立了经济法院。这种法院负责经济纠纷案件的审判和裁决。与此同时，也建立了最高经济法院，负责监督各地经济法院的审判活动，并对某些极重大的经济案件做出终审裁决。按照乌克兰的法官制度，法官不能参加政治活动，因而不能参加政党、社会运动和工会活动，不能接受其他机构颁布的代表委任状。法官实行终身任职制。法官只服从宪法和法律。普通法院和经济法院的法官在审理案件时，如果发现所涉及的法律或法律条文不符合宪法，则有权终止审判，并向宪法法院提请宣布该法律违法。法官审理的所有案件均实行公开原则，但对那些涉及国家安全、职业秘密和生活隐私的案件，则不予以公开审理。乌克兰实行原告和被告在法律面前平等的原则。由于法官审判错误使被告遭受损失，由国家赔偿。所有民事、刑事和行政案件的审判活动均按诉讼程序进行。

(三) 检察院

检察院系统由乌克兰最高检察院、各州检察院和区检察院组成。乌克兰总检察院检察长的职务由国家总统经征得议会同意任免。各地方检察长由乌克兰总检察长任免。检察院对国家机构和国家公务人员的活动是否犯法有实施监督的职能。检察院在认为有违法情节和犯罪时，依据有关法律对犯罪嫌疑者进行侦查，在取得犯罪证据后，便依法提起公诉，将案件交法院审理。此外，检察院还对国家实行的紧急措施，如宣布进入紧急状态、战争状态、宵禁等措施的合法性进行监督。

第四章 军事

第一节 建军史

一、军事基础

在苏联的军事防御体系中,乌克兰起着关键作用,因为它是苏联加盟共和国中唯一一个地处西欧和东欧、中欧接合部的国家。苏联共有14个军区,乌克兰境内有3个,即基辅军区、敖德萨军区和喀尔巴阡军区,还有黑海舰队。

位于乌克兰境内的黑海舰队是苏联的四大舰队之一,排名第三位。黑海舰队的舰船和军事实力在苏联海军中所占比例:主要水面战舰占21%,其中航空母舰占60%,驱逐舰占34%;其他水面船舰占22%;战术潜艇占12.7%;海军作战飞机占11%。

乌克兰还是苏联境内部署有战略核武器的4个加盟共和国之一。苏联解体后,乌克兰继承了其领土上的176枚洲际导弹、42架战略轰炸机和2 000件战术核武器。

二、前期准备

乌克兰是苏联解体后最早宣布组建军队的国家。1990年7月16日,乌克兰苏维埃社会主义共和国最高苏维埃通过了乌克兰的国家主权宣言,宣告了"共和国主权的至上性、独立性、完整性和不可分割性",并打算在未来永远保持中立,不加入任何军事联盟,承诺不使用、制造或获取核武器。

首先，乌克兰建立了军事领导机构。1991年8月24日，乌克兰宣布独立后，乌克兰最高拉达①通过一项决定——建立乌克兰国防部。此时的乌克兰部队总人数约为70万，其中包括：14个摩托化步兵师、4个装甲师、3个炮兵师、8个炮兵旅、4个特种部队旅、2个空降旅、9个防空旅、7个战斗机团、3支空军部队（约1 100架战斗机）和一支防空部队。部署在乌克兰的战略核武器共计176枚洲际弹道导弹，近2 600枚战术核武器，8 700辆坦克、11 000辆装甲输送车和步兵战车、18 000枚火箭和大炮炮弹、4支空军部队、10个航空兵师、49个航空兵团和2 800架飞机。

其次，乌克兰接管了其境内的全部武装力量。苏联解体后，乌克兰继承了苏联在欧洲最强大的一支军队，该军队配备核武器，拥有足够现代化的武器和军事技术。

最后，以法律保障了建军的准备。1991年10月22日，乌克兰最高拉达通过了《乌克兰国防法》和《乌克兰武装力量法》，并按其法律规定对武装部队进行改组，并建立相应的管理机制。乌克兰最高拉达还通过了一系列军事法令：《国防卫队法》《国家边界法》《边防部队法》《乌克兰现役军人及其家属社会保障和法律保障法》，乌克兰政府还在短期内完成了国防部、总参谋部、各个兵种、管理体系、军事培训以及全方位保障体系的创建工作等，为建设强大的国防力量奠定坚实的基础。

三、正式建军

1992年1月3日，乌克兰总统克拉夫丘克宣布，从即日起正式组建乌克兰武装力量。

首先，官兵进行宣誓。乌克兰军队奉行不分种族的国籍原则，不招收外籍雇佣军，只要是乌克兰公民，不管是乌克兰人还是其他民族的人，都可以宣誓成为乌克兰武装力量的一员。

其次，改革军事制度。废除元帅军衔，调整服役期，陆军从24个

---

① 乌克兰最高拉达，也可通过苏联时期俄语旧称音译译为乌克兰最高苏维埃，是1938年至1991年乌克兰苏维埃社会主义共和国和1991年至今的乌克兰议会，实行一院制。

月改为18个月；海军从36个月改为24个月。同时准备实行义务兵与职业兵结合的征兵方式。

最后，改编和裁军。撤销原有的三个军区，经历过渡期后进行遣散。只保留约20万人的兵力，其余进行大幅度裁减。

乌克兰政府在组建武装力量的同时，宣布奉行无核和不结盟政策，武器和军事装备数量也明显减少。1996年6月1日，乌克兰境内已没有核武器或核弹药，实现了核武器的完全解除。

目前，乌克兰的军队建设虽然取得了一定的发展，但仍然存在诸如改革进展缓慢、人员精减不彻底、编制和机构变动频繁、武器装备规划发展不完善和军事科技薄弱等问题。乌克兰如果要实现建设高效部队的目标，必须进行军事改革。当然，这需要同时考虑国家安全和独立的要求以及本国的经济状况等因素。

第二节 军队机构

总统是乌克兰军队的最高统帅。总统任命或撤销乌克兰武装力量以及其他军事组织的高层指挥官，负责国家和国防安全。

乌克兰武装力量隶属于乌克兰国防部，国防部负责执行国防以及军队建设的相关政策，协调国家机构和地方自治机构的国防活动，分析军事政治形势，确定军事威胁程度，确保国家武装力量履行职责，完成分配的任务。与此同时，国防部还应与中央和地方行政机关、地方自治机关以及国外相关机构协同合作。乌克兰国防部以国防部部长为首。

乌克兰的武装力量包括陆军、空军、海军。乌克兰武装力量由军事管理机构、军团、兵团（编队）、部队、军事院校、军事组织等组成。乌克兰武装部队总参谋部对武装力量进行军事管理。

一、陆军

乌克兰陆军是乌克兰最主要的也是人数最多的武装力量。包括四个作战司令部："西部"作战司令部、"南部"作战司令部、"东部"作战司令部、"北部"作战司令部。

乌克兰陆军部队主要有：

（1）机械装甲部队

机械装甲部队包括装甲兵旅和机械化兵旅，拥有坦克、装甲输送车、步兵战车及其他武器装备。

（2）空中机动部队

空中机动部队是陆军高度机械化的一种形式，用于敌后作战，开展反恐、特种作战以及执行维和任务，也执行其他武装力量和作战方式无法完成的任务。空中机动部队包括空中机动和空降两部分。

（3）导弹部队和炮兵

陆军的导弹部队和炮兵包括战术导弹兵，榴弹炮、加农炮、火箭炮和反坦克炮兵，炮兵侦察队，迫击炮分队，反坦克导弹分队。

（4）防空部队

陆军防空部队主要用于保护地面作战军队在各种作战条件下以及重新排兵布阵时免受敌军空袭。

（5）陆军航空兵

陆军航空兵是陆军最具机动性的作战兵队，用于完成各种条件下的联合作战任务。陆军航空兵以小分队进行侦察，摧毁敌军的军事装备和有生力量，在进攻和反击时给予陆军火力支持，实施战术空降，向指定地域运送物资和人员等。

二、空军

乌克兰空军为军队提供空中支援、空降伞兵、空运部队和物资以及进行空中侦察。乌克兰空军的主要使命有：保护国家领空；占据空中优势；掩护军队和设备免受敌军空袭；给予陆军空中支援；为海军作战提供保障；打乱敌军部署，切断敌军运输；空降部队，与敌军空降兵在空中及陆地作战；空中侦察；空运部队和物资；破坏和摧毁敌军的物资、军事工业、能源、据点以及通信。

空军包括三类：航空兵、防空兵及特种兵（侦察军、工程兵、核生化防护兵、坦克修理和自动化兵、无线电电子对抗兵以及计量保证兵等）。

三、海军

乌克兰的海军旨在维护海上国家主权和国家利益,独自或与其他类型武装力量协调合作粉碎在乌方领海的敌方海军力量;由四类兵种组成:舰艇部队、海军航空兵、海岸导弹兵和炮兵以及乌克兰海军陆战队。

海军组成结构:指挥部,各分舰队,西部海军基地(敖德萨),海军航空兵旅,海防旅,特种分队,军事、技术、后勤和医疗保障机构,教育和科研中心。

乌克兰海军作战区域包括黑海、亚速海以及多瑙河、德涅斯特河、第聂伯河流域,还包括关系到国家利益的其他海域。

四、其他军事组织

除了陆军、空军、海军,乌克兰其他军事化的组织有:乌克兰国民卫队、乌克兰国家边防局、国家特种运输服务部、乌克兰国家紧急服务部的民防救援调度部、民防部分部。另外,军事人才培育体系是国家教育体系的有机组成部分,主要包括高等军事学校、高校军事部、中等军事院校、军事中学以及严格军事体能训练的中学。在军事院校中以炮兵、火箭、航空和海军等院校最为著名,例如纳西莫夫海军学校和辛菲罗波尔高级军事建筑学校等。

第三节　兵役制度

乌克兰现代军队经历了裁军和增军的过程,兵役制度也有变化,而且由于克里米亚自治共和国的紧张局势,乌克兰成立了国民卫队,目的是保障乌克兰的边境安全和国内社会秩序的稳定。

乌克兰目前实行的是义务兵与职业兵相结合的征兵方式。

2013年10月14日,维克多·费奥多罗维奇·亚努科维奇签署第562号总统令。根据该法令,从2014年1月1日开始,义务征兵制暂停,开始实施合同兵役制,但2014年5月1日恢复义务征兵制。2014年6月18日,最高拉达通过了关于修订军事义务和兵役法的法案。根据修订法案，第二类预备役人员以及拥有列兵、中士、尉官和校官军衔的军人，退役年龄推迟到60岁，高级军官推迟到65岁。

2014年12月13日，乌克兰开始大规模向应征者送达入伍通知，虽然第四次动员令尚未正式公布。2014年12月20日，乌克兰国家安全和国防委员会秘书亚历山大·图尔奇诺夫发言说，2015年，乌克兰将在1月、4月和6月发动三次征兵动员。此外，还宣布将服役期限延长一年半和服役年龄延长至27岁。

2015年1月14日，总统彼得·波罗申科签署了第1725号为期90天的第四次局部动员令。2015年6月18日和2015年8月18日，第五次和第六波动员浪潮开始，动员人数为13万人。2015年7月24日，乌克兰总参谋部代表宣布可能会进行第七次征兵动员。

第四节　国防政策与军事战略

一、国防政策

乌克兰独立以后，逐渐形成了关于对本国安全构成军事威胁的基本判断和保卫国家安全的基本方针。

（一）有下列情形之一者，即对国家安全构成威胁：

蓄意侵犯乌克兰的国家主权和领土完整；

在乌克兰边境附近增加打破力量对比的军队集群和武器；

邻国的军事政治不稳定和冲突；

有对乌克兰使用核武器和其他大规模杀伤性武器的可能性；

国家军事组织战斗力降低；

国家强力机构（即国家安全部、国防部和内务部）的政治化；

非法军事组织（非政府军事组织）的建立和存在。

（二）在军事领域应贯彻的国家安全基本方针：

建立有效机制并采取综合措施来防止可能的侵略或军事冲突，制止其扩大并消除后果；

制止破坏乌克兰国家边界和领土完整的企图；

保证对国家军事组织进行民主的公民监督。

二、军事战略

乌克兰摆脱了苏联军事战略和理论的影响，建立起自己的军事原则，并使之符合本国军事地位、国家安全和世界局势。乌克兰的军事战略主要通过其外交政策和国内军事政策来体现，主要包括以下几个方面：

第一，无核军队和无核国家原则。乌克兰独立后，1991年10月24日，乌克兰议会发表声明，乌克兰将实行完全销毁核武器和境内核基地及核设施的政策。1992年5月，乌克兰表示，除销毁境内战略核武器外，还将参加国际防止核扩散条约。1996年6月1日，库奇马总统宣布，乌克兰已经成为无核国家。

第二，保持足够防御能力原则。1991年10月22日，乌克兰议会原则上通过《乌克兰国防法》和《乌克兰武装力量法》，确定乌克兰国防能力以足够防御侵略为基础，乌克兰军事战略的基本原则就是防御性的，即不向任何国家提出领土要求，不与任何国家谈判领土问题；对有争议的问题不使用武力；与所有国家友好共处。

第三，职业军队原则。自从独立以后，乌克兰废除了义务兵役制度，实行义务兵和职业兵相结合的兵役制度。乌克兰征兵只征收乌克兰公民，拒绝外籍雇佣军。且乌克兰军事法规定，军队参与解决与国防无关的任务须经议会批准，不受政党支配，不介入国家政治争端。

第四，和平解决军事争端和争议原则。乌克兰奉行和平解决军事争端和争议原则，认为和平防御大于武力防御。这一原则在乌克兰处理与俄罗斯和其他邻国之间军事分歧时被广泛应用。

第五，军事工业非军事化原则。乌克兰曾经是苏联军事工业的重要基地，乌克兰贯彻这一原则是为了使乌克兰的军事工业能够适应和平时期的需要，摆脱冷战时期的运作机制。

第五节　军事合作

深化与北约的合作，是乌克兰欧洲政策中非常重要的环节。自1992年起，乌克兰开始积极参加北约的各种活动。1994年2月8日，乌克兰与北约就"和平伙伴关系计划"建立合作关系。1997年7月，北约和乌克兰签署特殊伙伴关系宪章。

一、维和部队的工作

从1992年到2014年，近4.2万乌克兰维和人员参加了联合国和北约的23次国外行动。

20世纪90年代维和部队的工作。1992年7月3日，乌克兰最高拉达通过乌克兰军队参加维和行动决议。乌克兰维和部队首次行动是作为联合国保护力量参与波黑战争。1992年7月29日，乌克兰第一维和部队作为联合国维和部队抵达萨拉热窝。1993年11月19日，乌克兰最高拉达通过扩大乌克兰在前南斯拉夫联合国维和部队规模的决议，根据这项决议开始组建和培养乌克兰第二维和部队，该维和部队于1994年4月19日抵达萨拉热窝。1997年11月26日，波兰和乌克兰签署了关于建立波兰–乌克兰维和部队的协议。1999年9月1日，乌克兰部队被派往科索沃。

2000年以后维和部队的工作。2000年7月21日，乌克兰武装力量第三独立工兵营和军事医务人员参与联合国维和部队，被派往黎巴嫩南部。2000年12月，乌克兰维和部队被派往塞拉利昂。2003年8月，乌克兰派出维和部队前往伊拉克。2004年初，乌克兰派维和部队前往利比里亚。2005年6月16日，乌克兰总统维克托·尤先科签署向布隆迪派遣维和部队的命令。2007年，乌克兰派维和部队前往阿富汗。2010年11月，乌克兰派维和部队前往科特迪瓦。2012年10月10日，乌克兰加入北约海军"海洋之盾"行动，派一艘搭载直升机的护航舰在亚丁湾和非洲之角沿岸打击索马里海盗。2014年5月30日，200多名乌克兰联合国维和部队军人被派往刚果民主共和国。

二、与北约合作

2000年以后，乌克兰与北约的各项合作进一步密切。2001年8月29日至30日，美乌双方进行谈判，签署了国防领域合作文件。根据该文件，美国承诺向乌克兰提供700万美元的军需费用。2002年，北约和乌克兰通过了"北约–乌克兰行动计划"。2003年6月19日，乌克兰最高拉达将政府加入北约的决定写入《乌克兰国家安全基础法》中。

2005年2月18日,乌克兰外交部部长鲍里斯·塔拉修克在与波兰外交部部长亚当·罗特费尔德会晤后举行的新闻发布会上宣布:"迟早会成为北约的一员。"此外,在讲话中,罗特费尔德说,波兰"会一直是乌克兰利益的代表,帮助乌克兰加入欧盟和北约"。2005年12月,乌克兰成为东南欧国防委员会成员。2006年12月,乌克兰派出8名教官参加"北约训练任务—伊拉克"行动,训练伊拉克士兵。2008年6月13日,乌克兰和北约在布鲁塞尔签署了关于乌克兰加入北约,北约对其领空进行监测的相互理解备忘录。2009年11月17日,波兰、立陶宛和乌克兰协商设立国际波兰-立陶宛-乌克兰维和部队,由三方军队组成,共4 500人,每国1 500人,总部设在卢布林。2010年1月2日,北约军事委员会代表马西莫·潘尼兹邀请乌克兰于2015—2016年加入北约快速反应部队。因此,乌克兰成为北约快速反应部队中第一个非成员国家。

维克多·费奥多罗维奇·亚努科维奇当选总统后,乌克兰与北约一体化的进程放缓:2010年4月2日,维克多·费奥多罗维奇·亚努科维奇取消部际委员会(专门针对乌克兰加入北约问题)和国家中心(专门针对欧洲—大西洋一体化问题)。2011年9月,维克多·费奥多罗维奇·亚努科维奇发表声明,指出乌克兰仍将是不结盟国家,不会参与建立欧洲导弹防御系统,并且不打算加入北约。2011年12月13日,乌克兰代表发言,乌克兰的军人会完成在伊拉克的北约训练任务,并在2011年年底前回国。2013年,维克多·费奥多罗维奇·亚努科维奇签署了《对内对外政策原则法》,正式确定了乌克兰的不结盟地位,拒绝加入北约。2014年12月23日,最高拉达通过乌克兰现任总统彼得·波罗申科废除乌克兰不结盟政策的法案(369名议员中303名投赞同票),2014年12月29日,彼得·波罗申科签署该法案。2016年2月12日,北约军事教官已经完成对乌克兰武装力量第一支部队的培养计划(机械化旅的一个步兵营)。

乌克兰在加强与北约合作的同时,必须顾及俄罗斯反对北约东扩的立场,否则俄罗斯与北约的矛盾会殃及乌克兰的本土安全。

第五章　文化

第一节　语言文字

乌克兰共和国也是多民族国家，主体民族是乌克兰族，官方语言为乌克兰语，官方规定公务用语、教学用语、媒体用语必须使用乌克兰语。乌克兰的国家教育科技部主管语言文字工作。在总统指导下，教育科技部颁布了《乌克兰21世纪民族教育发展纲要》，规定了教育发展的方向、目标。目前乌克兰有40%的人口接受过高等教育，政府计划在今后的20~25年内把这一指标提高到60%。

乌克兰语属于斯拉夫语系，与白俄罗斯语和俄语相似，共同组成了东斯拉夫语支。乌克兰语主要分布在乌克兰、俄罗斯、白俄罗斯、哈萨克斯坦、波兰、斯洛伐克、罗马尼亚、摩尔多瓦、匈牙利、塞尔维亚、加拿大、美国、阿根廷、澳大利亚等国家也有分布。乌克兰语是乌克兰的官方语言。在中欧和东欧一些国家（波兰、斯洛伐克、塞尔维亚、罗马尼亚等国），乌克兰语是少数民族语言。

与其他东斯拉夫语一样，乌克兰语也是在古斯拉夫方言的基础上形成的，主要经历了两个时期：旧乌克兰语时期（14—18世纪中叶）和现代乌克兰语时期（18世纪末以来）。柯特利亚列夫斯基和舍甫琴科等人的创作为现代规范的乌克兰语奠定了基础。

乌克兰语分为三种方言：西南地区方言（包括沃伦-波多利斯克、加利西亚-布科维纳和喀尔巴阡方言），北部地区方言以及成为现代标准语的东南地区方言（以基辅方言为基础）。

三大方言在语音、词汇、语法方面都有差异，但不影响交流。规范的乌克兰语以基辅方言为基础。根据库其玛总统指示成立的乌克兰科学院语言研究所负责乌克兰语的基础研究和规范研究，编写乌克兰语规范词典，主要研究范围为乌克兰语正音正词法、术语、外来语词库等。近年来乌克兰语面临来自俄语、英语的冲击，因此政府特别重视和加强乌克兰语的规范工作。

1993年，世界上以乌克兰语为母语的总人口约为4 000万人（其中乌克兰为3 500万人），世界上掌握该语言的人数约为4 700万人。

乌克兰语在世界其他国家使用情况：

克罗地亚：1 010人（2014年联合国统计司）；匈牙利：3 380人（2011年人口普查）；哈萨克斯坦：52 500人（2009年人口普查）；立陶宛：5 340人（2014年联合国统计司）；摩尔多瓦：186 000人（2009年联合国统计司）；波兰：26 400人（2013年联合国统计司）；罗马尼亚：57 400人（2002年人口普查）；斯洛伐克：5 690人（2013年联合国统计司）。

第二节　文学

一、早期文学

代表作品：

乌克兰的文学起源于《韦列斯之书》（12世纪）、《古史纪年》（12世纪）、《伊戈尔远征记》（12世纪）、《基辅佩克斯克拉修士传》、《基辅编年史》（12世纪）、《劳伦编年史》（1377年）和《加利西亚-沃伦》编年史（13—14世纪）等书。

《韦列斯之书》该书比较独特，是写在许多小的木板上的，总共找到74块，作者不详。本书主要记叙了斯拉夫人的起源和俄罗斯国家的起源、国防、邻国贸易、习俗、娱乐、世界观以及当时人们的信仰，书中关于斯拉夫人多神教历史来源的记载问题还有待研究。

《古史纪年》的作者普遍认为是11世纪到12世纪初基辅罗斯基辅佩克斯克拉修道院杰出的作家及编年史家涅斯托尔。

《伊戈尔远征记》中所叙述的事件发生在乌克兰的哈尔科夫州,离沃尔昌斯克市不远。基辅大公弗拉基米尔·莫诺马赫的《训诫》对古罗斯文学的发展具有重要意义。他在书中阐述了自己对个人修养、家庭价值观的看法,思索了国家统治者的作用及对人民的态度问题。

《基辅佩克斯克拉修士传》是13世纪文学作品的优秀代表,介绍了基辅佩克斯克拉修道院修道士的历史以及生活,1215年至1230年间曾多次校订。萨莫维杰茨、格里戈里·格拉比扬卡和萨莫伊洛·韦利奇科的哥萨克纪事创作掀起了乌克兰17—18世纪编年史的高峰,是乌克兰文学史上一种独特的体裁。作品中主要记叙了1648—1654年乌克兰人民为自由而战的历史。

代表作家:

哲学家兼诗人格里戈里·斯科沃罗达(1722—1794)的创作包括诗、寓言、歌曲、圣诗、哲学论文等,是乌克兰巴洛克时期文学巅峰的代表人物,被誉为"乌克兰的苏格拉底"。格里戈里·斯科沃罗达为了更加了解民生,游历了乌克兰以及中欧国家。史学家尼古拉·科斯托马罗夫评价说,很少有人能说出谁比格里戈里·斯科沃罗达更了解和尊敬乌克兰人民。其代表作有诗集《神歌之园》和《哈尔科夫寓言》。格里戈里·斯科沃罗达的著作生前未被发表,但这并不妨碍他的朋友、学生以及在基辅—莫吉良斯基学院学习的人称他为"我的比格达拉斯""哈尔科夫的第欧根尼"或者"草原上的罗蒙诺索夫"。为了纪念格里戈里·斯科沃罗达,波尔塔瓦州、哈尔科夫州建有格里戈里·斯科沃罗达纪念博物馆。乌克兰最大面额纸币500格里夫纳上的人物肖像正是格里戈里·斯科沃罗达。

二、新乌克兰文学的形成

18世纪末,伊万·彼得罗维奇·柯特利亚列夫斯基(1769—1838)的诗集《艾涅伊达》标志着现代乌克兰标准语的出现和现代乌克兰文学的开端。该作品凝聚了乌克兰人的幽默,反映出了鲜明的民族生活,幽默讽刺的文笔得到其他作家的响应和支持,如哈尔科夫小组成员(彼得·古拉克·阿尔捷莫夫斯基、叶夫根尼·格列比奥恩)。格里戈里·克维特卡·奥斯诺维亚年科也继承了伊万·彼得罗维奇·柯特利亚列夫斯基的写作传统,打破了只有喜剧体裁才使用乌克兰语的传统。

19世纪是民族意识形成时期。塔拉斯·舍甫琴科（1814—1861）的诗集《卡巴扎》于1840年发行，尤里·卢茨克认为该作品事实上宣告了乌克兰人文学和思想上的独立。塔拉斯·舍甫琴科的创作在未来数十年中进一步推进乌克兰文学的发展，其中不仅包括诗，也包括散文和戏剧。他的诗歌成为乌克兰标准语发展的重要阶段。舍甫琴科吸取前人作品的精华，将其凝练成自己鲜活的民族语言，丰富了乌克兰文学的艺术表现力。塔拉斯·舍甫琴科是乌克兰文化在世界的象征。

19世纪下半叶的乌克兰文学潮流由许多天才作家引领——伊万·涅楚伊·列维茨基、马尔科·沃夫乔克、帕纳斯·米尔内、米哈伊尔·科秋宾斯基、伊凡·弗兰科、奥莉加·科贝良斯卡娅、鲍里斯·格林琴科等。当时的文学特点表现为：文学流派、写作风格和创作体裁多样化，从史诗小说、短篇小说到讽刺小品文、小故事应有尽有，许多作家积极领导了当时的政治和教育活动。

其中，伊凡·弗兰科（1856—1916），作为诗人、小说家、剧作家、记者、文学批评家、理论家和翻译家，塑造的人物形象不仅在乌克兰文学史上，也在世界文学历史上占有重要地位。伊凡·弗兰科的创作数量惊人——超过50卷，是乌克兰文学史上首批将世界文学译为乌克兰语的作家之一（其译作包括歌德、海涅、拜伦的作品）。

19世纪和20世纪之交，新一代作家出现，乌克兰文学经历了欧洲现代化的影响。这一时期有两位重要的女作家、女诗人——列夏·乌克兰因卡和米哈伊尔·科秋宾斯基。

列夏·乌克兰因卡（1871—1916）创作了不同的世界文学形象和不同国家不同时期的历史、神话，丰富了乌克兰文学。在进行诗歌创作的同时，列夏·乌克兰因卡还从事翻译，翻译了荷马、海涅、莎士比亚、拜伦、雨果的许多优秀作品，以及埃及和意大利民歌、印度史诗等。

米哈伊尔·科秋宾斯基（1864—1913）是乌克兰文学史上最耀眼的印象主义派代表之一。其作品主题主要有生与死、人与自然、爱与恨。由其小说《洋娃娃》《苹果花》《创世纪》《被遗忘的祖先的影子》改编的影片是乌克兰国内影视片的杰作，特别是《被遗忘的祖先的影子》更成为世界著名作品。

三、苏联时期文学

十月革命后，不仅乌克兰，甚至整个苏联的文学进程都颇富戏剧性。此时的乌克兰文学得到国家的支持，历经了前所未有的繁荣，存在多种文学流派和创作风格。激进的无产阶级文化理论家宣传通过"实验"建立"纯粹的无产阶级文化"（埃兰·布拉基特内、伊格纳特·米哈伊利琴科和米科拉·赫维列沃伊）。新古典主义（以尼古拉·泽洛夫为代表）致力于在世界经典文学的基础上发展高雅艺术。

乌克兰作家成功地创作出了至今都具有迫切现实性意义的文学作品，例如巴维尔·狄青纳、马克西姆·雷利斯基、弗拉基米尔·索绪尔、亚历山大·多夫任科、亚历山大·贡恰尔等人的作品。

20世纪60年代，乌克兰产生了一场声势浩大的文学活动，其代表人物后来被称为"六十年代人"。"六十年代人"积极寻找新的创作形式。主要代表人物包括瓦西里·斯图斯、丽娜·科斯坚科、瓦西里·西蒙年科、格里戈里·秋秋尼克、德米特里·帕夫雷奇科和伊万·德拉奇等人。

第二次世界大战之后，乌克兰流散文学①迅速发展成熟，流散作家的文学创作丰富而多样。主要的代表人物有奥列格·奥利日奇、尤里·克列恩、列昂尼德·莫谢恩德斯、叶夫根尼·玛拉纽克、奥克萨娜·利亚图琳斯卡娅、伊万·巴格里亚恩斯基、瓦西里·巴尔卡、乌拉斯·萨姆丘克、尤里·塔尔纳夫斯基和艾玛·安季耶夫斯卡娅等人。这些大师是乌克兰文学辉煌历史的代表。乌克兰文学家和作家团结起来，1954年6月26日，在纽约的乌克兰作家成立乌克兰作家协会，创始人为瓦西里·巴卡和伊万·巴格里亚尼等人。随后加拿大的温尼伯和多伦多的乌克兰文学也逐渐丰富起来。

四、现代乌克兰文学

乌克兰诗人舍甫琴科开创了乌克兰现代文学的历史，舍甫琴科以18世纪乌克兰农民反抗波兰的斗争为题材创作了长诗《海达马克》，还创作了反映当代乌克兰农民生活的诗集《三年》。同在乌克兰出生的

---

① 流散文学产生的动因始于19世纪后半叶的全球范围的大规模移民，而流散文学则是流落异国他乡的移民们所从事的文学创作。

苏联作家左琴科，则继承了果戈理的幽默讽刺艺术，他善于从人们习以为常的平凡琐事中摄取题材，嘲讽形形色色的市侩心理、庸俗习气以及官僚主义作风，他最重要的作品是晚年创作的《日出之前》。在这部作品里，左琴科对人的梦境、心理与行为、意识和潜意识进行探究，以生动洗练的文笔展示了个人的心灵史。另一位乌克兰作家冈察尔是乌克兰作家协会主席、科学院院士。他最重要的作品是以亲历卫国战争所得的丰富素材写成的三部曲《旗手》，最后一部长篇小说是《你的霞光》。

现代乌克兰文学作家主要有：伊万·安德鲁夏克、尤里·安德鲁哈维奇、德米特里·比雷、尤里·温尼丘克、维拉·沃夫克、阿列克谢·沃尔科夫、波格丹·沃洛申、巴维尔·扎格列别利内和奥科萨娜·扎布日科等人。

许多乌克兰现代作家得到了世界的认同。2000年，尤里·安德鲁哈维奇被授予赫尔德奖（赫尔德是德国哲学家、评论家、美学家）。2009年，作家兼翻译家谢尔盖·扎丹被授予波兰约瑟夫·康拉德文学奖（康拉德是英国作家，波兰人）。巴维尔·扎格列别利内是一位德高望重的乌克兰作家，坚持乌克兰散文创作40余年，硕果累累，创作了30多篇小说和电影剧本，其中最受欢迎的有《怪事》《叶夫普拉克西娅》《我，波格丹》《基辅之死》等，这些作品为作者赢得了国内外声誉。巴维尔·扎格列别利内即便超过了80岁，仍然坚持写作。乌克兰最著名的现代作家奥科萨娜·扎布日科不仅是诗人，还是散文作家、随笔作家、翻译家、哲学家。

21世纪初，出现了一批幻想题材作家，主要有弗拉基米尔·弗拉德卡、德米特罗·布济科、亚历山大·别尔德尼克、玛丽娜·季亚琴科和谢尔盖·季亚琴科（2005年最后两人获得"欧洲最佳幻想小说作家"称号）。

第三节　艺术

一、概况

18世纪末到19世纪上半叶，乌克兰建筑艺术、雕塑艺术和绘画艺术的发展复杂而充满矛盾，就如其他欧洲国家一样。

19世纪上半叶，乌克兰雕塑艺术发展相当困难。巴洛克雕塑艺术的传统正在逐渐消失，让位于古典主义。当时的古典主义元素也逐渐在乌克兰的绘画艺术中发展起来，形成了新的绘画体裁：自然风景画和风俗画。乌克兰的艺术家们积极寻求创新，并在西欧的浪漫主义影响下大大促进了乌克兰艺术的发展。艺术家们开始对描写人民生活越来越感兴趣。浪漫主义的创新趋势推动艺术创作向切合实际的方向发展。世俗艺术和宗教艺术越来越激烈地分化标志着19世纪造型艺术的发展进入新时期。

二、建筑艺术

18世纪末第聂伯河沿岸的城市重建使其外观发生了显著变化，新建的行政机构富丽堂皇，象征皇权的至高无上。

1799年至1829年间，安德鲁·梅连斯基（1766—1833）任基辅市总建筑师。古典主义的建筑风格在建筑师的创作中得到了充分体现，但是，受乌克兰建筑传统的影响，他的建筑创作又别具新意。在制定城市发展规划时，梅连斯基将赫雷夏蒂克街确定为今后的主要街道。他在佩乔尔斯克建造了一个新的省级行政中心，在赫雷夏蒂克街建成了全市第一座剧院，还建立了阿斯科尔德公爵墓纪念碑。

1833年，按照建筑师叶夫根尼·瓦西里耶夫的设计建设的圣母升天大教堂钟楼（用于纪念1812年打败拿破仑）是古典风教堂建筑的优秀代表。

1843年，按照建筑师维肯季·别列季的设计建设的基辅大学是19世纪上半叶基辅最大的建筑物。

而从地区来讲，乌克兰中部、西部和南部的建筑也比较有特色。

乌克兰中部的乌曼镇坐落着有"欧洲最美公园"之称的乌克兰索菲伊乌卡公园，它被认为是"乌克兰七大奇迹之一"。波托茨基伯爵为爱妻建立的索菲伊乌卡公园是当时唯一一座没有宫殿的公园。园内有四座人工湖，由地下渠道相连，还建有洞穴、迷宫、假山、陡山、众多的亭台楼阁和桥梁，树木运自欧洲和美洲。

乌克兰西部的大多数著名建筑物都集中在利沃夫。例如市政厅、市剧院和一些居民楼，大多数19世纪上半叶建筑都由德国建筑师建造。乌克兰西部的教堂建筑的特点是古典风格与乌克兰民间传统相结合，代表性建筑是建于19世纪50年代的切尔诺夫策市的大教堂。

乌克兰南部的城市建设迅速发展。其中著名的建筑有塞瓦斯托波尔市的彼得罗巴甫洛夫斯克大教堂和伯爵码头。

三、雕塑艺术

乌克兰最著名的雕刻纪念碑有莫斯科的米宁和波扎尔斯基纪念碑、阿尔汉格尔斯克的罗蒙诺索夫纪念碑、塔甘罗格的亚历山大一世纪念碑、叶卡捷琳诺斯拉夫卡的叶卡捷琳娜二世纪念碑、赫尔松的波将金纪念碑。其中最著名的纪念碑是新罗西亚（18世纪后半期至20世纪初俄罗斯南部和乌克兰西部的历史地区，位于黑海沿岸草原地带）总督、敖德萨市长黎塞留纪念碑。而位于基辅弗拉基米尔山的弗拉基米尔基辅大公纪念碑是典型的古典风格纪念作品，其作者是瓦西里·德穆特·马利诺夫斯基、彼得·克洛特和亚历山大·托恩。

乌克兰西部雕塑艺术的发展与在利沃夫工作的奥地利大师哈特曼·维特韦尔的创作密切相关。哈特曼·维特韦尔的代表作是四大神像喷泉，它们分别是：涅普顿喷泉、狄安娜喷泉、阿窦尼喷泉和安菲特里忒喷泉。雷恰卡夫地区的许多墓地也由他建造，他建造的墓地庄严肃穆，得到了同时代的人以及后人的认可。利沃夫约翰·希姆泽尔和安东·希姆泽尔兄弟的浅浮雕作品和墓地纪念碑也相当出名。他们的浮雕作品以古希腊罗马的神话情节为主，吸引了许多参观者。

乌克兰建筑艺术景象较为繁荣，不仅在首都基辅，更在整个国家，包括西部的古老城市（有"狮城"之称）利沃夫都能见到。

四、绘画艺术

乌克兰的绘画艺术主要包括古典主义绘画艺术和现实主义绘画艺术。

（一）古典主义绘画艺术

古典主义绘画艺术的起源与两位著名的肖像画家密切相关——德米特里·列维茨基（1735—1822）和弗拉基米尔·博罗维科夫斯基（1757—1825）。两位画家都是乌克兰人，但一生都在圣彼得堡进行创作。

列维茨基比任何人都善于将非凡的技巧与敏锐的洞察力和正确的面部特征理解能力相结合。凭借着自己的才华，列维茨基获得了"欧洲最优秀的肖像画家"的称号，他的肖像画被陈列在欧洲最有名的博物馆——卢浮宫、日内瓦的阿里亚纳等博物馆中。

博罗维科夫斯基是在乌克兰接受绘画艺术教育的，受叶卡捷琳娜二世之命被迫迁往圣彼得堡。其优美的绘画手法、优雅的绘画风格、精细的色彩搭配都是无可辩驳的。著名的代表作品有德米特里·特罗辛斯基、伊万·别兹博罗德科等人的肖像画，博罗维科夫斯基一生创作了近160幅肖像画。

此外，卢克·多林斯基（1750—1824）也从事肖像画的创作，被现代人认为是最优秀的肖像画家之一。卢克·多林斯基在维也纳艺术学院接受教育，以优异的成绩毕业后，回到了利沃夫，在这里度过一生。除了肖像画以外，他还为利沃夫许多教堂以及乌克兰西部的许多城市和村庄画壁画。

（二）现实主义绘画艺术

19世纪上半叶，乌克兰绘画艺术中的现实主义趋势逐渐增强，现实主义旨在真实、完整地反映世界。乌克兰绘画作品中出现现实主义风格的画家主要有塔拉斯·舍甫琴科、伊万·索申科（1807—1876）、卡皮通·巴甫洛夫（1792—1852）和加夫里拉·瓦西卡（1820—1866），他们都曾在圣彼得堡艺术学院接受教育。

塔拉斯·舍甫琴科（1814—1861）是乌克兰伟大的诗人、文学家和艺术家，他曾在圣彼得堡艺术学院学习，他的作品主要为历史题材。他还擅长人物肖像画，曾为康斯坦丁·阿巴扎、巴维尔·恩格尔哈特画过肖像，生前共创作了130多幅人物肖像画。1843—1845年，塔拉斯·舍甫琴科回到乌克兰，无论是诗歌还是绘画都成绩斐然。舍甫琴科的创作巅峰直到他去世才终止，他的艺术遗产不仅对其同代人，也对后代艺术家产生了深远影响。

伊万·索申科是塔拉斯·舍甫琴科的最亲密的朋友之一。在圣彼得堡艺术学院毕业后，伊万·索申科回到乌克兰，在中学教授美术。他的作品以风俗画和风景画出名。

而卡皮通·巴甫洛夫主要画肖像画，偶尔画一些生活细节，也有少量的风俗画和风景画作品。

加夫里拉·瓦西卡同样擅长肖像画。

19世纪上半叶，乌克兰的绘画艺术凝聚了自己所有的力量，乌克兰画家重新思考欧洲绘画传统，形成了自己独特的创作风格，为19世纪下半叶绘画艺术的繁荣奠定了坚实基础。

第六章 社会

第一节 人口与民族

一、人口

1993年，乌克兰人口数量为5 224.4万，而1998年，人口数量为5 050万，出生率降低，死亡率上升，自然增长率为负数，使得人口总数减少。

据1989年统计数据显示，乌克兰族占乌克兰人口的72.2%，但乌克兰族在总人口中所占比例下降了0.9%，这也是自然增长率过低造成的，与其他少数民族相比也是如此。乌克兰人的增长率比白俄罗斯人低1.4倍，比俄罗斯人低1.6倍，比鞑靼人低4.9倍，比摩尔多瓦人低4.4倍。

在日托米尔州、文尼察州、波尔塔瓦州、基洛沃格勒州、赫梅利尼茨基州、苏梅州、切尔尼戈夫州和切尔卡瑟州等，乌克兰人的数量也有减少。

二、民族

乌克兰共有130个民族，乌克兰人为主要民族，其次为俄罗斯人和犹太人，还包括波兰人、保加利亚人、匈牙利人、希腊人、罗马尼亚人、摩尔多瓦人、德国人、茨冈人、乌兹别克人和阿塞拜疆人等。

乌克兰人在各州人口中都占大多数。乌克兰人在南部和西部各个州都占多数，这些州都已经高度城市化了，但是外喀尔巴阡州和切尔诺夫策州除外。乌克兰人在文尼察州、切尔卡瑟州和切尔尼戈夫州占少数，因为这些州都是主要农业生产区，一半的人口是农民，与城市化地区相比，其人口组成是不同的。

在乌克兰较为发达的工业化地区，俄罗斯人所占比例分别为卢汉斯克州45%、顿涅茨克州44%、扎波罗热州32%、敖德萨州27%、第聂伯罗彼得罗夫斯克州24%、赫尔松州20%和尼古拉耶夫州19%。

乌克兰的犹太人约三分之二居住在基辅，而俄罗斯人在基辅的居民中仅占约五分之一。犹太人聚居的地区还包括敖德萨州、切尔诺夫策州、哈尔科夫州、日托米尔州、文尼察州和第聂伯罗彼得罗夫斯克州。

波兰人约三分之二居住在日托米尔州、赫梅利尼茨基州、利沃夫州和基辅州，他们大多是城市居民。还有少数波兰人居住在文尼察州、顿涅茨克州、捷尔诺波尔州、卢汉斯克州、敖德萨州和基辅州。

保加利亚人最集中的地区是敖德萨州，约70%以上居住于此，其余分布在南乌克兰各个州。

96%的匈牙利人居住在外喀尔巴阡州；85%的希腊人在顿涅茨克州；74%的罗马尼亚人在切尔诺夫策州；22%的罗马尼亚人在外喀尔巴阡州；45%的摩尔多瓦人在敖德萨州；26%的摩尔多瓦人在切尔诺夫策州。

德国人分散在各个地区，约70%居住在乌克兰南部和东部的七个州里。

而茨冈人大多居住在外喀尔巴阡州、顿涅茨克州和乌克兰东南部各个州里。

第二节　宗教

乌克兰独立以后，国家实行宗教信仰自由，不干涉宗教活动，这有利于各种宗教派别的发展，信奉宗教的人数逐渐增多。乌克兰的主要宗教有东正教、天主教、犹太教和伊斯兰教。

乌克兰第一大宗教为东正教，东正教是基于正统派神学与东方礼拜仪式制度的基督教三大流派之一，乌克兰族大多信仰东正教。乌克兰在宗教上受波兰和立陶宛等欧洲国家影响较大，因此，乌克兰西部地区也信仰天主教。

乌克兰境内最大的东正教圣地有三个：基辅—佩乔尔斯克大修道院（始于1598年）、波恰耶夫圣母安息大修道院（始于1833年）、斯维亚托戈尔圣母安息大修道院（始于2004年）。基辅—佩乔尔斯克大修道院和波恰耶夫圣母安息大修道院的创始人是安东尼和弗奥多西，他们也是乌克兰东正教的发起人。安东尼首次将阿丰圣山的修道士传统引入到古罗斯修道院，而弗奥多西则成为了东正教修道士的思想导师。

乌克兰境内主要的天主教教堂有：乌克兰古罗马仪式罗马天主教教堂（建于1321年）、莫斯科宗主教管辖区的乌克兰天主教教堂（建于1595年），乌克兰希腊天主教教堂（建于1596年）和基辅宗主教管辖区的乌克兰天主教教堂（建于1992年）。

乌克兰的犹太人人数位欧洲第三、世界第五。犹太教分为七个教派，哈西德派是其中之一。该教派中心位于切尔卡瑟州的一个小城市——乌曼，每年九月，大批的哈西德派教徒（超过一万人）来此朝圣。最大的犹太教会位于基辅、敖德萨、利沃夫、文尼察和别尔季切夫。

乌克兰也有伊斯兰教徒，尤其在顿涅茨克州，不仅有贾米清真寺，还有乌克兰国内唯一的伊斯兰教大学。

第三节　传统风俗

乌克兰的传统风俗涉及生活的方方面面。

乌克兰的传统风俗有的与农作物耕种有关。

庄稼的收割以庆祝禾穗节开始。人们将第一捆禾穗磨成面粉，供奉在家里的圣像面前。收割季结束后会庆祝收镰节，将最后一捆禾穗捆好放在家里，保存到来年第一次开犁，把上面的种子掺到其他种子里一起种下。如今，这些古老的节日习俗在很多农村仍有保留。

乌克兰的传统风俗有的与"帮工"有关。

20世纪以前乌克兰流行一种叫"帮工"的习俗。这是一种很古老的集体互助形式，用以完成劳动量大的工作，不强制人们加入。帮工从事的劳动主要有：田间劳作、修建房屋和其他建筑、消除自然灾害造成的影响、帮助穷人和孤儿。除了重大的宗教节日，星期天和节日期间参加帮工是可以被原谅的。帮工的传统保留至今，尤其在农村地区。

乌克兰的传统风俗有的与乔迁有关。

很少有乌克兰人知道，曾经庆贺乔迁有多有趣：根据传统，进新房前应该先放只猫（更早的时候是在晚上放猫），然后在新居供上圣像、面包和盐，洒上圣水。古代，参加乔迁之喜的人们很清楚该给新家主人送些什么礼物：父母送枕头，亲戚和邻居送餐具、刀叉，因为从旧家带餐具是不好的兆头。另外，人们认为新月和斋戒期间搬家是不吉利的。

乌克兰的传统风俗有的与婚礼有关。

选星期几去说媒，对于乌克兰人来说意义重大。人们一般不会选星期一和星期五说媒，认为以后的家庭生活会不幸。根据传统，乌克兰人通常选择星期二说媒。

乌克兰人通常在圣母帡幪日（10月14日）到菲利波夫斋戒（11月14日）之间举行婚礼，主显节到谢肉节期间也是举行婚礼比较适宜的时间。事实上，现在的乌克兰的户籍登记处全年上班，节假日不休，然而结婚的最佳时间仍是秋天。

乌克兰的每场婚礼至今都少不了大圆面包。以前结婚用的大圆面包由专门做面包的妇女烤制，这些妇女必须没离过婚而且与丈夫和睦相处。普遍认为，如果大圆面包是声誉不好的人做的，那么一些坏品质会传到面包上，最终传到新人身上。根据传统，大圆面包放在专门制作的烤饼上，围绕着大圆面包放几个小圆面包，面包上有面做的花边装饰以及类似太阳和情侣的图案。除了大圆面包和小圆面包，乌克兰人的婚礼上还有许多其他类型的面包：大圆白面包和挂锁形白面包。除此之外，有些地方还流行叫"双胞胎"的饼干——象征男女的结合。给新人的第一块面包上要撒盐，这预示着新人第一天生活中唯一的不快，而剩下的则是甜甜美美。

乌克兰的传统风俗有的与家庭和孩子有关。

乌克兰没有孩子的家庭很少，但家里只有一个孩子也被视作不正常。因为，乌克兰有句俗话说："一个儿子——不是儿子，两个儿子——半个儿子，三个儿子——才是一个儿子"。

干亲家和干亲家母（小孩子的父母对小孩教父、教母的称呼）几乎是最亲近的亲戚，他们几乎参与孩子教育的所有事情。乌克兰不同地区选择干亲的方式不同，很多地区的父母为孩子选的干亲不止两个。引入基督教后，干亲开始被叫作教父、教母，但"干亲"这一概念在乌克兰仍像几百年前那样普遍。

乌克兰人在孩子满一周岁时有一种风俗，会把孩子放在外翻的羊皮大衣上，在他面前放上书、钱、酒杯、勺子和种子几样东西，让他选，他拿到什么就会有与之相关的预示。如果孩子拿了书，那么预示他会上学读书，成为一个有智慧、有教养的人；如果拿了钱，预示他会成为富人；如果拿了酒杯，预示他长大后会变成酒鬼；如果拿了勺子，预示他会吃得很好；如果拿了种子，预示他会成为一个好的庄稼人。现在，这一风俗在乌克兰许多地区仍很普遍，只不过用的物品更加现代化了。

第四节　节假日

乌克兰在国家法定节假日放假，基督教节日也放假。乌克兰国家规定的节假日有：

1月1日——新年

1月7日——圣诞节

3月8日——国际三八妇女节

5月1日和5月2日——国际劳动节

5月9日——胜利日

根据宗教日历确定——复活节

根据宗教日历确定——三圣节

6月28日——宪法日

8月24日——独立日（国庆节）

10月14日——祖国保卫者日

12月6日——乌克兰武装力量日

需要指出的是，一百年前，乌克兰的新年是在1月14日圣瓦西里日这天庆祝，而不是现在的1月1日。直到现在这一传统仍很普遍，许多人还是庆祝旧历新年。

除了上述节日以外，乌克兰还有60多个节日是非法定节日，在日历中既不被标出，也不放假，其中绝大多数节日为职业节日和国际节日，包括情人节（2月14日）、民族文化日（3月9日）、母亲节（5月14日）、国际老人节（10月1日）、国际学生日（11月17日）、国际残疾人日（12月3日）等。当然，这些节日在世界许多国家都被普遍接受。

虽然复活节和三圣节是宗教节日，但是无论教徒或者非教徒都会庆祝这两个节日，是全民性的节日，而乌克兰的东正教教徒，除此以外，还庆祝其他宗教节日：主显节（1月19日）、主进堂节（2月15日）、谢肉节（2月最后一星期）、复活节前一周的主进圣城节和圣母领报节（4月7日）、圣徒彼得与帕维尔日（7月12日）、三个救主节——蜂蜜节（8月14日，或称作"水上救主节"）[①]、苹果节（8月19日）和胡桃节（8月25日）、圣母日（10月14日）。

主进堂节（2月15日）。主进堂节以供奉蜡烛和水开始。据说，主进堂节的蜡烛具有特殊的神力（保护人们免遭雷雨之灾和火灾），而水能保护人们避免他人的恶意伤害，治疗传染病，洗去病痛。

谢肉节（2月最后一星期）。尽管基督教将谢肉节归入基督教节日，但事实上谢肉节的庆祝还是保留了很多多神教的元素：烧毁象征冬天的稻草人，烘制和吃象征太阳的发面煎饼，玩各种游戏，进行各种娱乐。如此看来，与其说谢肉节是宗教节日，不如说它是乌克兰人的大联欢。

复活节前一周的星期日是主进圣城节，又称为棕枝主日。据《圣经》介绍，耶稣在这一天进入耶路撒冷城，人们用棕树枝为他铺满了道路。在乌克兰，棕树是最受人喜爱的植物之一，而且是开花最早的植物。在这一天，教堂里会举行富丽堂皇的祈祷仪式，并用棕枝装饰。与教堂内棕枝有关的说法有很多，主要有：不能随意丢弃，因为这些棕枝可以帮助人远离疾病，躲避恶意，避免火灾。

---

① 据说，弗拉基米尔基辅大公正是在蜂蜜节那天接受洗礼的。古基辅人在第聂伯河接受洗礼，用河水洗去身上的邪恶和疾病。因此民间又将这一节日称为"水上救主节"。

圣母领报节（4月7日）。很久以前人们认为，上帝是在这一天恩准沉寂一冬的植物复苏过来。这一天不可以工作，正如民间所说的那样，"就连鸟也不筑巢了"。圣母领报节有放鸟的传统，让它们回归自由。这一天，借火是个不好的兆头，预示会发生火灾。

乌克兰至今还保留着一些传统节日。

圣尤里日（4月9日）。圣尤里是野兽和家畜的保护神，圣尤里日是乌克兰最古老的民族节日之一。这一天，乌克兰西部的丘陵地区会有大批羊群和牛群，在外喀尔巴阡山地区，人们会给牛戴上花环赶出来放牧，以示对圣尤里的尊重。

伊万·库帕拉节（7月7日）是最唯美浪漫的节日。伊万·库帕拉节源自施洗者约翰，施洗者约翰为众人施洗，也为耶稣施洗，因此，人们将稻草人看作库帕拉，将其沉入水底或烧掉。节日当天，未婚女子采集花草编成花环戴在头上；大家围着篝火跳舞，篝火时跳得最高的人会在当年有好运气；大家还会寻找一种蕨类的小花，相传找到这种花的人可以实现任何愿望；人们还会在日出前在落满露珠的草地上散步，据说可以治疗疾病。

圣尼古拉①节（12月19日）在乌克兰也越来越流行。这源于圣尼古拉向加利西亚、外喀尔巴阡和其他西部地区孩子赠送礼物的天主教传统。

第五节　教育

一、概况

乌克兰最早的学校附属于基督教修道院，教科书主要是一些祈祷书和《圣经·旧约》中的诗篇。除了首都基辅外，其他地方也办有学校。988年，弗拉基米尔大公把东正教引入基辅罗斯，授课内容也做了调整，东正教教堂为神职人员的孩子创办学校，教授他们阅读、写

---

① 圣尼古拉（约270—343），基督教圣徒，米拉城（今土耳其境内）的主教。他被认为是给人悄悄赠送礼物的圣徒（即圣诞老人的原型）。由于他的遗骨在1087年被迁到意大利城市巴里，所以有时他也被称作"巴里的圣尼古拉"。

作、教义和算术。宗教的传播为教育奠定了良好的基础。

12世纪，天主教主教、作家和哲学家克里缅特·斯莫利亚季奇指出，在乌克兰共有300到400名熟练掌握希腊语的翻译家。后来，丹尼尔·加利茨基王朝时期，有不少掌握5至7门语言的翻译家为国效力。

16世纪，奥斯特罗日斯基中学是当时最大的教育中心，其建立者是当时最大的地主——康斯坦丁·瓦西里·奥斯特罗日斯基公爵。1576—1580年，他创办了这所中学，授课老师都是来自希腊、罗马、波兰和乌克兰的知名学者。

18—19世纪，一些知名教育学家的出现也为乌克兰的教育发展做出了贡献。索菲娅·弗奥多罗夫娜·鲁索娃是乌克兰教育理论的奠基人。她提出了"民族学校"的理念，致力于发展人道主义。赫里斯京娜·丹尼洛夫娜·阿尔切夫斯卡娅（哈尔科夫人）是乌克兰另一位备受爱戴的教育学家。她创建了第一所成人礼拜日学校，编撰了许多颇受欢迎的教学法参考书。安东·谢苗诺维奇·马卡连柯是苏联时期乌克兰著名的教育家，他通过在集体中开展教育，培养学生的集体责任感和荣誉感，将数千名少年违法者教育成了国家建设人才。瓦西里·亚历山德罗维奇·苏霍姆林斯基是苏联时期乌克兰另一位著名的教育学家。其最主要的教育观点是将青少年培育成全面和谐发展的人、社会进步的积极参与者，将德育、智育、体育和美育有机结合，相互渗透。

21世纪的今天，乌克兰共有1 037所高校。其中历史悠久且文化底蕴深厚的主要有：基辅—莫吉拉学院、利沃夫国立伊万·弗兰科大学、哈尔科夫国立大学、基辅塔拉斯—舍甫琴科国立大学（简称基辅大学）、敖德萨国立大学、乌克兰国立科技大学（原基辅工学院）等。

基辅—莫吉拉学院是乌克兰历史最悠久、最有名的高等教育中心之一，建于1632年，为纪念其创建者和赞助者彼得·莫吉拉而得名，许多当时的科学巨匠都在此任教，学制12年。基辅—莫吉拉学院是中欧最主要和世界最大的教育中心之一。基辅—莫吉拉学院早已成为乌克兰人的骄傲。

在2014—2015年度的QS世界大学排名中，乌克兰有六所高校入榜。排名最前的有基辅塔拉斯—舍甫琴科国立大学和哈尔科夫国立大学。

建于1804年的哈尔科夫大学，不仅是苏联时期建校最早的第二所大学（第一所大学为莫斯科大学），而且直到今天，莫斯科大学物理系的教授们也几乎全部出自该校。

位于乌克兰南部港口城市敖德萨市的敖德萨国立大学建于1865年5月13日，学校以乌克兰微生物学家埃黎耶·埃黎赫·梅契尼可夫（1880年后专心研究细胞的吞噬作用，因为对胞噬作用的研究，梅契尼可夫于1908年和德国科学家埃尔利希共同获得了当年的诺贝尔生理学或医学奖）命名，是乌克兰南部最古老的大学。

二、教育体系

乌克兰的教育体制主要包括学前教育、普通中等教育、中等专业教育、职业技术教育和高等教育，此外，还有校外教育、副博士研究生教育、博士研究生教育和自学教育。

（一）学前教育

乌克兰历来重视学前教育。但独立后，受经济形势和经济转轨的影响，已有924所儿童教育机构被改变了性质，499所已关闭，学前教育受到一定影响。

（二）普通中等教育

对于普通中等教育，国家实行的政策是保障每个公民享有免费接受完全普通中等教育的权利。6~7岁开始接受普通中等教育。1940年以前，由于西乌克兰文盲率高达70%~80%，所以，主要实行七年制普及义务教育（不完全教育）和中等函授教育。第二次世界大战以后，即到1944年，全国基本完成了向七年制普及教育的过渡。1966—1967学年度，乌克兰开始对青年人实行普及中等教育。1976年，乌克兰基本完成向全民普及中等教育的过渡。1994年，全国拥有8 751所日校中学，在校学生500多万名（占全部中学人数80%以上）；拥有8 600所八年制学校和3 100所小学。还有1 244所中学夜校和函授中学。

（三）中等专业教育

乌克兰于1991年独立后，中等专业教育学校也有所增加，但是，在校学生人数却逐年下降，1990年在校生人数75.7万人，到1996年下降至59.5万人，招生人数和毕业人数也在逐年减少。与此同时，国民经济各部门的中等专业学生的分布也随市场经济的发展而有所调整。

（四）职业技术教育

职业技术教育的主要任务是培养熟练的工人和干部，其中包括训练他们掌握新发展的专业技能及提高思想觉悟。接受职业技术教育的前提是已完成完全普通中等教育或尽管是基础中等教育但能够完成完全普通中等教育。职业技术教育分为三个层级，每一级的职业技术教育都由理论和实践构成，能使学员掌握一定的职业技能。低层级的毕业生根据个人意愿可以继续学习高层级内容。2006—2007学年，国内职业技术教育学校就业率平均值为86%。乌克兰于1991年独立后，职业技术教育的总体规模与20世纪80年代中期差别不大，但随着市场经济的发展，专业设置有了一些调整。

（五）高等教育

完成完全普通中等教育以及获得国家鉴定资格后可以接受高等教育，高等教育建立在完全普通中等教育的基础上。一些培养较低级别专业人才的高校可以接收只受过基础普通中等教育的学生。乌克兰独立后，高等教育的院校数量、在校大学生人数、招生人数和毕业人数均有一定程度的增加。

（六）校外教育

根据乌克兰宪法、乌克兰《教育法》和《校外教育法》，校外教育属于继续教育，旨在开发学员的能力与才华，满足他们的兴趣需求、精神需求和专业需求。

（七）研究生教育

研究生教育是在已经获得高等学历和实践经验的基础上通过深化、扩展专业知识和技能或变更专业知识和技能从而获得另一种职业的自我完善机制。在高等院校和科研机构设置研究生班或研究生院，通过脱产和不脱产的方式培养研究生，把他们中相当大的一部分人培养成副博士和博士，是乌克兰补充科研干部队伍和高等院校教师的主要办法。

(八) 自学教育

为了更好地让公民接受自学教育，国家机关、企业、机构、组织、公民协会团体创办并开设了各种学校、演讲培训机构、图书馆、俱乐部、电视节目和广播教育机构等。

第六节　科技

一、军事科技

乌克兰是苏联时期国防工业主要发展国之一。乌克兰继承了苏联的部分军事遗产。苏联军事技术是非常先进的，当时苏联的重工业主要集中在俄罗斯，其次就是现在的乌克兰。乌克兰煤矿和铁矿储量巨大，有世界著名的顿巴斯煤矿和克里沃伊罗格铁矿，所以在苏联时期重工业也得到了长足的发展，尽管独立后其工业实力大大下降，但工业基础夯实，仍不可小觑。苏联时期出于"冷战"的需要，乌克兰偏重开展了以航天、军工为中心的科研生产活动，苏联解体之后，给乌克兰留下了一个庞大的以军工为核心的科研生产体系，乌克兰的坦克制造业、导弹制造业和军舰制造业都实力雄厚。

乌克兰的新一代坦克主要由哈尔科夫马雷舍夫工厂生产，该工厂开展出口合同业务，为乌克兰和外国买家研制坦克。乌克兰东部军事行动作战区已经运用了新的军事作战技术，例如，现代化T-64B1M型坦克，BTR-4E、BMP-1和BMP-2型装甲运输车以及其他防护设备。军事科技虽然比较发达，但军队人员的整体素质仍有待提高。

目前乌克兰空军最先进的导弹武器是"Точка-У"系列导弹。该系列导弹在20世纪70年代初期被用于苏联军队作战，并在20世纪70年代末期实现现代化，主要用于对敌军实施核打击。该系列导弹准确率很高，适用于武装分子的隐秘基地（如车臣、叙利亚山区地带），但在人口稠密的顿巴斯地区使用难度高。"Точка-У"系列导弹目前是乌克兰最精确的导弹军事装备。

乌克兰的军舰制造业具有极高的水平。尼古拉耶夫市是著名的军舰制造重镇。我国的第一艘航空母舰"辽宁舰"正是由乌克兰未完成的"瓦良格号"航空母舰改造而成的。此外，乌克兰的军用机械制造业也相当发达，产品行销多国。

二、航天科技

乌克兰的航天科技比较发达，是世界上最早研究飞行器也是当今世界9个能自主研制飞机的国家之一。安东诺夫航空科技综合体是乌克兰最重要的航空科研机构，是"乌克兰航空工业的大脑"。扎波罗热马达西奇股份有限公司是世界上最重要的发动机生产企业，被誉为"乌克兰航空工业的心脏"。

乌克兰设计生产的客机和运输机在世界航空市场占据重要地位。乌克兰现有客机主要是安-24型、雅克-40型、П-410型。约有40个国家引进使用乌克兰客机，安-225型、安-124型是世界上载重量最大的运输机，安-225型"幻想号"于2001年创下载重351吨的世界纪录。乌克兰还擅于研制飞行器用的各种无线电电子设备，"铠甲""阿德罗斯""核桃-3""咸湖"等防空雷达世界闻名。

南方设计局和南方机械制造厂是乌克兰航天技术中心。"Космос""Циклон-2""Циклон-3""Зенит"等运载火箭，以及著名的"Океан"多功能遥感卫星都研制于此。此外，乌克兰还发射了商用卫星，在地球和海洋资源卫星、空间遥感卫星、地球通信卫星等小卫星的应用方面科技实力雄厚。

第七节　卫生

一、苏联之前

乌克兰最早的医院成立于11世纪的基辅罗斯时期，医院通常设在教堂提供的庇护所里。14—15世纪，才建立起第一批真正的医院，同时开设了医学院校。1632年，基辅学院建成，成为乌克兰医疗史上的一个转折点。那时，基辅学院著名的学者和医生有：流行病学家Д. С.萨莫伊洛维奇、妇产科医生Н. М.马克西莫维奇、儿科医师

С.Ф.绍托维茨基和解剖学家А.М.沙姆隆斯基等人。

18—19世纪，哈尔科夫、基辅、利沃夫和敖德萨的许多大学都开设了医学专业，乌克兰医生数量逐渐增长。克里米亚战争期间（1854—1856年），第一支接受了专门培训的护士队伍被送往塞瓦斯托波尔。1886年，敖德萨大学对细菌学进行专门研究，著名学者И.И.梅奇尼科夫和Н.Ф.加马列亚曾在此工作。

尽管十月革命前的俄国已具备了医疗发展的所有条件，但许多有影响力的医学界人物仍选择了在乌克兰发展，例如，В.Р.奥弗拉济托夫和М.Д.斯特拉热斯科促进了心脏病学领域的进展，是基辅内科学院的创始人；В.П.菲拉托夫院士在敖德萨成立了眼疾研究所；О.Ф.舍曼诺夫斯基和Н.В.斯克利福索夫斯基也为乌克兰的医疗保健事业做出了巨大贡献。

二、苏联时期

1922年，苏联建立后，需要有效协调各共和国卫生部门的活动。

1923年，第二届全乌克兰人民代表大会上强调要着力改善乌克兰的医疗状况，普及医疗网，以预防为主。

1928年，乌克兰开始迅速建设流行病防疫站卫生网，到1941年初，乌克兰苏维埃社会主义共和国的卫生系统已有2.9万名医生和9.1万名中级医务人员。

1945年9月初，乌克兰境内共有4 780所门诊诊疗机构，800多所流行病防疫站，近6 700所医疗站、初步救护站、妇女儿童医护站和药店，几乎所有的农村医疗站都已恢复工作。乌克兰医疗机构医护人员约为15 000人。

1950年年底，共有医生48 600人，护理人员136 400人。

20世纪70年代初，乌克兰医疗机构中已有医生157 100人，也就是说，平均每300个居民可拥有1名医生和3名医护人员。与此同时，创建了专业的救护车团队，为救护车配备了最新技术。

1971—1975年，为了提高农村的儿科护理水平，中央区级医院和农村地区诊所配置了儿科医生。

三、独立后的医疗卫生

从乌克兰走上独立道路直到今天，医疗行业资金和资源保障不足。乌克兰境内还实行着20世纪20—30年代创建的初级医疗卫生救助模式，这种救助模式并不完善。虽然，后来经济情况发生了变化，但这种模式已经固化下来，其导致的后果是很大一部分人不再信任国内医疗。

2006年，基辅国际社会学研究所的一项调查指出，乌克兰的医疗体系不能有效满足人们的需求——约40%的受访者生病后不会花高价来接受质量差的医疗帮助，由此又产生了更加消极的后果：死亡率高（16.3‰），人口负增长（-5.7‰），平均寿命短（三分之一的乌克兰人死于65岁前，75岁以下的死亡人口中约有一半人本来可以通过适当的预防和治疗避免死亡），无法阻止肺结核、艾滋病等病的传染。

2008—2010年，乌克兰对医疗制度进行了改革，采取了一系列相关措施：2008—2010年，批准实施全国卫生体系发展计划；草拟并向乌克兰最高拉达提交新版的基本医疗卫生保健法；批准基于家庭医疗保健的发展理念；草拟有关医疗卫生机构和医疗保险制度的立法草案。虽然在引进家庭医疗保健以及合理组织药物和医疗技术过程中仍然存在着许多尖锐的问题，但医疗制度的改革使得乌克兰的医疗水平达到发达国家的标准成为可能。新的医疗体制改革旨在为人民提供优质免费的医疗服务、创办家庭医生学校和加大对医疗服务的监督力度。改革的主要任务有：提高医疗服务质量；普及医疗服务；提高资源利用效率，鼓励健康生活方式的养成。

2011年7月，乌克兰总统维克托·费奥多罗维奇·亚努科维奇签署了医疗卫生体系改革法案。

2012—2014年，乌克兰医疗改革效果明显，居民的身体健康状况得到改善，乌克兰人的平均寿命增长1.5年，人们获得了高质量的医疗服务，乌克兰的医疗质量得到提高。

第八节　文化传媒

一、平面传媒

20世纪初，乌克兰出现了第一份乌克兰语期刊。1917年之后，报刊开始蓬勃发展开来。20世纪初的十几年时间里，书籍报刊印刷出版相对自由，期刊数量显著增加。乌克兰各种报刊近600种，影响较大的报纸有：《事实报》《政府信使报》《乌克兰之声》《日报》《基辅导报》和《镜报》等。

《事实报》创建于1997年，日最高发行量84万份，是乌克兰发行量最大的报纸，也是乌克兰唯一一家每天在九个地区印刷的报纸。《政府信使报》于1990年创办，为乌克兰政府机关报，日发行量约10.5万份，是乌克兰发行量最大的三家报纸之一。《乌克兰之声》为议会机关报，于1991年创刊，分俄文版和乌克兰文版，日发行量近12万份。《日报》为私营报纸，于1996年创刊，用俄文和乌克兰文发行，日发行量8万份。《基辅导报》于1992年创刊，日发行量12万份。《镜报》于1994年创刊，为私营政治评论周刊，周发行量约6万份。

二、电子传媒

1951年，乌克兰在基辅建立了第一家电视台——乌克兰国家电视台。

2012年，国内有2个国家电视台和10家私营全国性电视台。此外，有100多家地区电视台。平均每1 000人拥有约600台电视机。20世纪末，卫星电视和有线电视得以广泛普及。

乌克兰主要的电视频道有：乌克兰国家电视1台、乌克兰国家电视2台、现代电视台、国际电视台、"1+1"电视台、"ICTV"电视台、"新频道"电视台和基辅电视台等。

乌克兰主要的广播电台有：乌克兰国家广播电台、"自由"电台、"金门"电台、基辅市广播电台等。

乌克兰现有1个官方通讯社（乌克兰国家通讯社），23个私营通讯社。乌克兰国家通讯社简称乌通社,为乌克兰的官方通讯社,其地位相当于中国的新华通讯社,创建于1918年,是欧洲通讯社联盟的成员。

第七章 外交

第一节 对外政策

随着冷战的结束,乌克兰政府在1991年陆续发表了《国家独立宣言》《告世界各国议会和各国人民书》《关于批准建立独联体协议的决议》以及《关于乌克兰无核地位的声明》等文件,这些文件为乌克兰的外交政策确立了基本原则,也体现了乌克兰政府主张用和平手段解决一切国际争端,对别国没有领土野心,在任何时候都不会首先开始军事行动,充分贯彻睦邻友好、相互尊重、平等互利、互不干涉内政的基本外交原则。乌克兰政府完全遵守《欧洲常规武装力量条约》,赞成在国际监督下进行全面彻底的核裁军,承担关于限制和裁减进攻性战略武器条约所规定的义务。

自冷战结束,乌克兰独立以来,乌克兰奉行的主要外交政策是:

(一)维护国家的领土完整和国家安全。动荡不安的国家历史使乌克兰相信,只要国家边界稍有变动,乌克兰就有可能被肢解。因此该外交政策是乌克兰对外政策的核心。

(二)争取国际经济援助与合作。经济繁荣是国家强盛的关键,对于想要在强国林立的环境下立足的乌克兰来说,经济复苏极为关键,在全球经济一体化的大背景下,争取国际经济援助与合作变得尤为必要。

(三)无核化与地缘政治战略。苏联解体后,乌克兰境内遗留下大量核武器,乌克兰领导人从长远出发,最终实行国家无核化政策,成为无核国家。乌克兰所处地理位置特殊，属于地缘政治变化多发地区，必然要处理好与西欧发达国家、中欧国家以及独联体国家的关系。

第二节 同俄罗斯的关系

一、历史渊源

（一）乌克兰和俄罗斯的共同起源

公元6世纪，斯拉夫人分为东斯拉夫人、西斯拉夫人和南斯拉夫人，东斯拉夫人分布在第聂伯河中上游、奥卡河上游、伏尔加河上游、西德维纳河一带，成为俄罗斯人、白俄罗斯人及乌克兰人的祖先。公元七八世纪，东斯拉夫人有两个准国家组织，即以基辅为中心的库雅巴及以诺夫哥罗德为中心的斯拉维亚。862年，由于斯拉维亚各部落为争夺权力而内战不休，各部落筋疲力尽，于是邀请瓦良格人（罗斯人）首领留里克治理各部落，裁决纠纷。留里克在诺夫哥罗德登上王公宝座，建立了第一个罗斯王国——留里克王朝。882年，奥列格占领第聂伯河中游的基辅城，把罗斯国的首都迁到基辅，开始了基辅罗斯公国时期。971年，斯维雅托斯拉夫一世败给了拜占庭军队，并被迫放弃其对保加利亚和克里米亚的主权要求。次年，斯维雅托斯拉夫一世战死，幼子弗拉基米尔一世继任大公。弗拉基米尔统治期间，罗斯国达到鼎盛，成为东欧强国。雅罗斯拉夫一世弗拉基米罗维奇（1015—1054）死后，他的3个儿子共同执政，统一的国家政权日趋瓦解，逐渐分裂为许多独立的地方公国。12世纪初，弗拉基米尔二世莫诺马赫（1113—1125）曾企图恢复基辅罗斯的统一，但未能实现。12世纪30年代以后，统一的罗斯国家已不复存在。1240年，基辅罗斯被蒙古帝国征服，成为成吉思汗长子术赤之子拔都所建立的钦察汗国（又称金帐汗国）的藩属。罗斯各国还受到一些古代欧洲国家的入侵和统治，罗斯的土地被分成东北、西北和西南三个部分，基辅罗斯部族逐渐分裂成俄罗斯人、乌克兰人和白俄罗斯人三大东斯拉夫民族支系。14世纪起，乌克兰人开始形成具有独特语言、文化和生活习俗的单一民族。

（二）乌克兰加入俄罗斯

1569年，卢布林联合成立，波兰-立陶宛联邦诞生，乌克兰被纳入波兰的统治。1648年，乌克兰人在鲍格丹·赫梅利尼茨基的率领下起义，反抗波兰的统治。赫梅利尼茨基致函沙俄政府，希望得到同样信仰东正教的俄罗斯的帮助。但沙俄政府反应谨慎，没有迅速给予答复。1650年，沙俄与波兰之间的领土问题谈判破裂，沙俄决心援助乌克兰。1654年3月，乌克兰代表团在莫斯科觐见了俄国沙皇。随后，双方签订了《鲍格丹·赫梅利尼茨基基本条约》，亦称《三月条约》。自此，东乌克兰（第聂伯河左岸）与俄罗斯帝国正式合并。

与乌克兰的结盟，一方面使俄罗斯获得了梦寐以求的出海口，另一方面也打开了俄罗斯通往欧洲的大门，欧洲的先进文化通过乌克兰源源不断地传入俄罗斯。与俄罗斯的结盟也成为乌克兰历史的重要转折点。此前，乌克兰的文化主要受西方影响；此后，乌克兰历史发展的轨迹转向了俄罗斯。

1700年，俄国沙皇彼得一世发动与瑞典争夺波罗的海的"北方战争"。战争期间，彼得一世以战争为由，强行取消了乌克兰的地方自治，引起了乌克兰贵族的不满。

1708年，乌克兰首领玛泽帕与瑞典结盟，寻求重获民族独立的机会。

1709年，俄军在乌克兰境内彻底击败了瑞典军队，乌克兰的独立梦想破灭。

（三）苏联时期

1917年"二月革命"后，沙皇下台，俄罗斯帝国解体。1917年底，东乌克兰地区建立苏维埃政权，成立了乌克兰苏维埃社会主义共和国。

1918年3月，苏维埃俄国与德国及其同盟在布列斯特-里托夫斯克（今白俄罗斯布列斯特）签订《布列斯特和约》，苏俄成功退出了第一次世界大战，为新成立的苏维埃政权争取了时间。

1922年12月，东乌克兰作为第一批四个加盟共和国之一，加入新成立的苏联。根据波兰和苏联签订的《里加条约》，西乌克兰成为波兰领土。

1939年11月，第二次世界大战爆发，波兰被占领，西乌克兰与乌克兰苏维埃社会主义共和国合并。

1941年6月22日，苏德战争爆发，战火首先烧到乌克兰，苏联在乌克兰地区遭受了惨重损失。基辅战役中苏联损失了大约70万士兵，德国占领了乌克兰全境。

1944年11月，苏军重返乌克兰。第二次世界大战期间，乌克兰地区成为战争的重灾区。

1985年，戈尔巴乔夫在苏联上台后，历史和现实积累的各种矛盾开始表面化，民族主义和民族独立倾向迅速抬头，全国政局开始急剧动荡，乌克兰开启了独立步伐。

1986年，乌克兰境内的切尔诺贝利核电站发生严重的核泄漏事故，造成严重后果。

1990年7月16日，乌克兰议会通过《乌克兰国家主权宣言》。1991年8月24日，乌克兰政府发表国家独立宣言，正式宣布脱离苏联而独立，改国名为乌克兰。

（四）独立后的乌克兰和俄罗斯

苏联解体后，乌克兰结束了和俄罗斯337年的结盟历史，成为一个独立国家。1996年，乌克兰通过新宪法，确定乌克兰为主权、独立、民主的国家，实行共和制。

2004年11月至12月，乌克兰发生了"橙色革命"。反对派领导人维克托·尤先科宣称乌总统选举存在舞弊现象，迫使当局重新举行投票。随后，格鲁吉亚、吉尔吉斯斯坦等苏联加盟共和国也相继爆发"颜色革命"。

2008年12月，欧盟正式推出"东部伙伴关系"计划建议，鼓励乌克兰与欧盟形成经济共同体。

2014年2月18日，乌克兰首都基辅发生近三个月来伤亡最严重的暴力冲突。此后几天，乌克兰局势突变，反对派控制了局面，总统亚努科维奇离开基辅。2014年3月，克里米亚议会宣布脱离乌克兰而独立，但未获乌政府承认。2014年3月16日，克里米亚举行全民公投，选票结果表明，96.77%参加投票的选民赞成克里米亚加入俄罗斯联邦，投票率为83.1%。2014年3月20日，俄总统普京批准克里米亚加入俄联邦的条约。2014年3月27日，联合国大会决议宣布克里米亚公投无效，不承认克里米亚入俄。2014年3月28日，俄罗斯外交部网站公布的消息指出，俄外交部认为联合国大会有关乌克兰的决议无效。2014年3月29日晚，克里米亚正式改用莫斯科时间。2014年6月7日，波罗申科就任乌克兰总统。

2016年7月28日，俄罗斯总统普京签署命令，将南部联邦区和克里米亚联邦区合并改组为新的南部联邦区。

二、乌俄经济关系

苏联时期，乌克兰和俄罗斯之间形成了分工合作的经济关系，在多个经济领域融为一体。乌克兰独立后，从本国的角度和俄罗斯开展经贸合作。然而要建立符合两国国情的经贸合作机制远远比预想的难度要大，不可避免地产生矛盾，舆论界称其为"乌俄经济冷战"。虽然乌克兰领导人在政治上独立于俄罗斯，但是希望俄罗斯按其本国国内的价格向乌克兰提供能源。

两国经贸合作中的主要难题有：苏联债务和遗产分割问题，也称"零点方案"，乌俄在如何继承苏联财产问题上争执不断；能源和能源债务问题，俄罗斯知道乌克兰对急需的进口能源没有支付能力，但从政治角度出发，依然向乌克兰出口石油和天然气。

除了苏联债务和遗产分割问题及能源和能源债务问题外，乌俄经济关系由于乌克兰的亲欧态度而变得较为敏感。2008年12月，欧盟正式推出"东部伙伴关系"计划建议。该建议主要涉及欧盟东部邻国，包括乌克兰、白俄罗斯、格鲁吉亚、摩尔多瓦、亚美尼亚和阿塞拜疆等六国。该计划支持伙伴国的政治和经济社会改革，促使其向欧盟靠拢，推动欧盟与伙伴国建立自由贸易区，提高财政援助，简化进入欧盟的签证手续，加强能源和安全等方面的合作，鼓励伙伴国与欧盟发展经济一体化，并最终与欧盟形成经济共同体。2009年5月7日，首届欧盟与东部伙伴关系国峰会在捷克首都布拉格举行。欧盟27国与亚美尼亚、阿塞拜疆、白俄罗斯、格鲁吉亚、摩尔多瓦和乌克兰等国签署《东部伙伴关系宣言》，正式缔结"东部伙伴关系"。

2013年7月14日，乌克兰总理阿扎罗夫表示，乌克兰的目标是在2013年11月底与欧盟正式签署联系国协定。这是乌克兰与欧盟建立自由贸易区、实现与欧洲经济接轨的重要举措。一直试图将乌克兰拉入关税同盟的俄罗斯对此非常不满。2013年8月22日，俄罗斯总统普京在视察南方城市罗斯托夫时表示，如果乌克兰与欧盟签署联系国协定，关税同盟国家（俄罗斯、白俄罗斯和哈萨克斯坦）将被迫采取保护性措施。2013年11月21日，乌克兰政府宣布暂停与欧盟签署联系国协定的筹备进程，其解释是出于发展与俄罗斯和独联体经贸关系的必要。2013年11月29日，第三届欧盟与东部伙伴关系国峰会在立陶宛首都维尔纽斯举行，格鲁吉亚与摩尔多瓦同欧盟草签了联系国协定，并准备于2014年正式签署协定。乌克兰最终没有签署该协定。

第三节 同中国的关系

一、乌中外交关系

乌克兰独立后，才逐渐开始与中国建立外交关系，中国是首批承认乌克兰国家独立并与其建立外交关系的国家之一。1992年1月4日，中国与乌克兰正式建立大使级外交关系。两国在和平共处、相互尊重主权和领土完整、互不侵犯、互不干涉内政、平等互利及和平解决争端的原则基础上发展两国间的友好合作关系。

1992年8月，赛福鼎率领中国全国人大代表团访问乌克兰，拉开了中乌两国高层领导人互访的帷幕。同年，乌克兰总统克拉夫丘克于10月29日至11月3日正式访问中国。1992年10月31日，中国和乌克兰在北京签署联合公报。双方均表示要在政治、经贸、文化、科学、教育、体育和旅游等方面促进合作与交往。

2010年9月，亚努科维奇总统对中国进行国事访问，两国签署了《全面提升中乌友好合作关系水平的联合声明》等12项双边合作文件。2011年4月，阿扎罗夫总理来华访问并出席博鳌亚洲论坛2011年年会，他是1997年以来首位访问中国的乌克兰总理。2011年6月，国家主席胡锦涛对乌克兰进行国事访问，双方签署了《中华人民共和国和乌克兰关于建立和发展战略伙伴关系的联合声明》。2011年6月，两国元首宣布建立和发展战略伙伴关系，确定两国关系新定位。双方高层交往频繁，政治关系全面提升，务实合作机制更加完善，经贸合作发展势头良好。

二、乌中经济关系

乌克兰与中国在经济发展上具有很强的互补性。乌克兰的经济实力在独联体国家中排行第二。乌克兰矿产资源丰富，工业门类齐全，重工业和原材料工业发达。它的主要出口项目有矿产、钢材、化工产品、化肥、机械设备和汽车等，这些都是中国相对短缺的产品。中国的主要出口商品有轻纺产品、食品、日用消费品等，这些产品可以弥补乌克兰经济的不足，满足老百姓对这些产品的需求。在高精尖技术领域里，乌克兰具有相当雄厚的实力。乌克兰的汽车制造业和冶金工业在独联体国家中居领先地位。乌克兰生产的特种硬质合金、超硬度金属和化工产品均达到了世界先进水平。乌克兰的飞机、重型运输机械、起重设备、仪器仪表、摄影器材等产品均在国际市场上享有良好的声誉。乌克兰的航天技术与俄罗斯相比毫不逊色。1995年，中乌两国国防部开始合作，签订了重要的军事技术合作协定。

中国与乌克兰的经贸合作从乌克兰独立后才开始。1991年12月26日，双方草签了两国政府间的经济贸易合作协定，并就发展双方经贸合作交换了意见。1992年8月，乌克兰与中国正式签署了《中乌经济贸易合作协定》。1992年1月4日，两国在建交的同时，互设商务代表处。为使两国经贸关系顺利发展，两国政府相互提供了最惠国待遇，发展了投资方面的合作，促进了文化、科学、教育、体育和旅游等方面的合作与交往，还建立了合资企业等。

第四节 同美国的关系

一、乌美政治关系

1992年1月23日,乌克兰与美国建立大使级外交关系。两国建交以后,高层领导人之间保持着经常性的对话。但由于两国在核武器和乌克兰国内的政治经济改革等问题上存在分歧,两国关系发展并不顺利,独立之初,美国仍习惯于把对乌克兰的政策作为对俄罗斯政策的一部分。直到1994年3月,库奇马就任乌克兰总统以后调整了乌克兰的国内外政策,乌克兰与美国的关系才出现转机。

1995年5月11日—12日,美国总统克林顿正式访问乌克兰。这次访问的主要目的是两国在平等民主的伙伴关系的基础上,讨论全面深入地发展两国关系问题。克林顿明确指出,美国视乌克兰为欧洲安全和稳定的关键因素,并强调一个经济繁荣、民主、稳定的乌克兰在欧洲和国际社会中的重要性,他表示美国将积极支持乌克兰进入国际社会,实现与欧洲的一体化。美国把支持乌克兰向市场经济过渡、与世界经济接轨放在优先地位。

二、乌美经济关系

乌克兰和美国建交以后,两国的经济关系由于明显受到政治关系的影响,发展得并不顺利。1994年以前,美国对乌克兰的援助计划基本处于停滞状态。库奇马任乌克兰总统以后,出台了旨在向自由市场经济转变的经济体制改革纲领。乌克兰紧缩国家预算开支,努力降低通货膨胀水平,改革税收制度,并将私有化范围由一般工业部门的中小型企业扩大到石油、天然气和化学工业等大型国有企业,随之又制定了一批适用于市场经济的法律法规。库奇马总统的这一改革纲领和实践得到了美国的支持。同时,美国对乌克兰的经济援助政策也做了相应调整,不再将乌克兰实施大规模的经济改革作为可获得大规模经济援助的前提条件,而是用经济援助来推动乌克兰加快向市场经济转型的速度。乌克兰和美国在乌克兰经济改革问题上的意见逐渐趋向一致。美国承诺在经济上支持乌克兰的结构性经济改革。乌美两国成立了国家联合委员会，负责解决和协调两国在经济、能源等方面的合作问题。

第五节　同欧盟、北约的关系

一、乌克兰与欧盟的关系

在乌克兰对外政策中，除独联体国家外，发展与其他中东欧国家的关系是乌克兰对外政策的一个重要方面，而重点发展与西欧国家和北约国家的关系，则是乌克兰对外政策中优先考虑的主导方向。

1998年3月，乌克兰通过了建设国际交通走廊与国内交通网的计划。这项计划是乌克兰对欧洲各国关于建设九条连接西欧和中东欧的跨欧洲大陆交通走廊协议的回应。根据国际协议，在计划修建的九条跨欧洲交通走廊中，有四条通过乌克兰，跨欧洲交通走廊已经于2015年前建成，表明乌克兰与欧洲接轨的进程已经开始。

欧盟在经济上向乌克兰提供有力支持。欧盟在2000年以前向乌克兰提供了6.5亿美元援助。1998年5月欧洲复兴开发银行向乌克兰提供两笔贷款，金额分别为8 000万欧元和3 000万美元。1998年5月29日，乌克兰和世界银行签署协定，从世界银行获得1.5亿美元贷款，用于改造煤炭工业。

1998年6月11日，乌克兰正式提出"乌克兰与欧盟一体化战略"。乌克兰领导人希望通过"乌克兰与欧盟一体化战略"的实施，使乌克兰成为有影响力的欧洲国家，获得欧盟全权成员国的地位，最大限度地寻求地缘政治安全，同时得到西方国家的大规模经济援助，完成本国的经济转轨任务。近年来，乌克兰一直致力于深化与欧盟的关系。

二、乌克兰与北约的关系

深化与北约的合作是乌克兰欧洲政策中的重要环节。1993年7月2日，乌克兰议会通过乌克兰对外政策基本方针，乌克兰将提高与北约合作的水平。库奇马总统谈到北约时，认为北约是欧洲安全的保障，承认北约扩大是一个自然进程。1998年5月29日，乌克兰外长塔拉修克对乌克兰《独立报》发表谈话说，同北约的合作将使乌克兰既能确保本国安全的利益，又能在建立欧洲安全新结构中占据应有的地位。

从1992年起，乌克兰开始积极参加北约的活动，并就全欧地区安全问题与北约进行经常性磋商。1994年2月，乌克兰在独联体国家中率先加入北约"和平伙伴计划"，正式与北约建立了合作关系。1995年9月14日，乌克兰和北约又以"16+1"的方式建立起特殊伙伴关系，双方签署关于深化合作的联合声明，双方关系步入"深化和扩大合作"阶段。双方在派遣部队参加维和行动、联合举行军事演习、相互监督裁军协议情况、交流军事专家培训经验等方面进行合作。1998年5月末，北约南欧联合海军司令斯皮诺茨访问塞瓦斯托波尔时表示，北约海军和乌克兰海军今后可以进行更密切的合作。斯皮诺茨认为，乌克兰作为一个海上强国，在确保黑海地区的稳定方面占有重要的地位。乌克兰海军司令叶热尔表示，乌克兰海军与北约海军的这种合作，将能使乌克兰海军得到发展。目前，乌克兰与北约的合作已不仅仅局限在军事方面，已扩展到生态领域、军转民以及科技和经济等诸多方面。

在北约看来，乌克兰的独立和主权是欧洲稳定和安全的非常重要的组成部分。1996年4月15日，北约秘书长索拉纳正式访问乌克兰，强调乌克兰"在维护世界和欧洲的安全与稳定方面起着重要的作用"。

乌克兰议会1990年7月16日通过的国家主权宣言和同年10月19日通过的宪法明确规定，乌克兰是无核和不结盟国家。乌克兰在不反对北约东扩的基础上，主张北约扩充要循序渐进，谨慎行事，并要求北约遵从以下原则：(1) 不产生新的欧洲分界线，更不希望出现两个欧洲而边界线穿过乌克兰的局面；(2) 必须考虑俄罗斯和乌克兰的利益；(3) 不能以牺牲他国的安全来维护本国的安全；(4) 不能削弱整个欧洲的稳定；(5) 北约扩充后，决不能在北约新成员国的领土上安置核武器。

第八章 经济

第一节 概况

一、苏联时期乌克兰的经济优势

乌克兰的经济实力在苏联时期就位居各加盟共和国前列。它不仅可以在经济上实现自给,并且能够向其他加盟共和国的市场或国际市场出口本国的产品。在工业和农业发展方面,乌克兰在加盟共和国中仅次于俄罗斯。乌克兰的经济优势主要有以下几个方面:

(一)矿产储备丰富,生产原材料富足。除去森林资源和水资源相对不足之外,乌克兰的矿产资源及其他生产原料相当丰富,在苏联加盟共和国之中排在俄罗斯和哈萨克斯坦之后,位居第三位。全国共有矿点7 000余处,其中已开发的约4 000处。乌克兰40种基本原料的年开采量超过10亿吨,约占全世界总开采量的5%。

(二)农业发展显著。乌克兰的农产品产量位居苏联各加盟共和国之首,约占苏联的46%。其中甜菜占61%,奶、肉及其制品占23%,粮食占21%。

(三)冶金业有较完善的工业体系。乌克兰的冶金工业体系较为健全和发达,苏联铁矿砂的46%、生铁的41%、钢的34%、钢材的35%、钢管的33.5%均产自乌克兰,其工业品份额仅次于俄罗斯。

(四)交通运输业发达。乌克兰的铁路长度占苏联的16%,硬路面公路占18%,航空线占8%,河运线占4%。发达的交通运输体系为经济发展提供了有力的保障。

二、国民经济各部门概况

乌克兰国民收入中各部门的比重是：工业50.5%，农业21.4%，建筑业9.9%，交通运输业5.7%。

(一) 工业

乌克兰有较为完善和成熟的工业体系，包括基础工业、燃料工业、食品工业、轻工业、建材工业等。

乌克兰工业以重工业为主，主要有：金属加工业和机械制造业（包括矿山和冶金工业、机械和设备制造业、能源机械和电子设备制造业、机床和仪表制造业、无线电通信业和交通机械制造业等），黑色和有色冶金业（包括铝、钛、镁、汞等），化工业和焦炭化工业、石油化工业（包括化肥、硫酸、碱、塑料、化学纤维等）。

乌克兰的采矿业相当发达，主要开采的矿产有煤、石油、天然气、铁、锰、有色金属、稀有金属、天然硫、钾盐和岩盐等。

乌克兰水电资源集中在第聂伯河，卡霍夫、第聂伯、卡涅夫、基辅等水电站形成了一个梯级水电站系列。电力工业是乌克兰国民经济的基础行业，是乌燃料能源综合体的重要组成部分。乌克兰现代化的电力工业可与欧洲发达国家相媲美，许多指标甚至超过欧洲发达国家。

乌克兰的石油和天然气主要集中在喀尔巴阡山脉和乌克兰的东北部。规模较大的热电站有乌格列戈尔斯克热电站、克里沃伊罗格热电站、布尔什腾热电站和兹米耶夫热电站等。

乌克兰的食品业（主要是制糖业、啤酒酿造业、糖果点心业以及烟草业）和纺织业、缝纫业、制鞋业等轻工业也较为发达。同时，乌克兰的林业、木材加工业、造纸业和建材产品也得到了较快的发展。

(二) 农业

乌克兰农业用地占全国领土的69.1%，其中，农耕地占国土面积的一半。在乌克兰农业总产值中，农作物产值占48%，畜牧业产值占52%。

（三）交通运输业

乌克兰的交通运输以铁路为主。乌克兰交通发达，运输方式齐备，形成了统一的运输网。境内公路总长24.73万千米，铁路总长23.45万千米。铁路网密度最大的是乌克兰东北部工业区。该区铁路货运和客运量占乌克兰出口运输总量的75%，占进口运输总量的65%。主要的铁路干线有莫斯科—基辅线、莫斯科—顿巴斯线、莫斯科—哈尔科夫—塞瓦斯托波尔线、基辅—敖德萨线、基辅—利沃夫线、哈尔科夫—第聂伯罗彼得罗夫斯克—赫尔松线、克里沃伊罗格—顿巴斯线。乌克兰的水运也很发达，海运通达80多个国家。重要港口有：敖德萨、伊利切夫斯克、赫尔松、伊兹梅尔、马里乌波尔（日丹诺夫）、刻赤。河运主要是第聂伯河及其支流。公路干线有：莫斯科—基辅线、莫斯科—哈尔科夫—辛菲罗波尔线、敖德萨—基辅—圣彼得堡线、基辅—第聂伯罗彼得罗夫斯克—顿涅茨克线、基辅—利沃夫线。基辅到各州首府均有往返航班。管道运输在乌克兰货物运输中占据第三位。煤气管道运输连通了主要天然气产区与基辅、哈尔科夫、波尔塔瓦、第聂伯罗彼得罗夫斯克、赫尔松、克里沃伊罗格、敖德萨等城市。在乌克兰境外，管道运输还连通了俄罗斯、摩尔多瓦、白俄罗斯、拉脱维亚、波兰、捷克和斯洛伐克等国。

三、国内主要经济区划分

乌克兰经济按区域大致可以划分为三个经济区，即顿涅茨克—第聂伯东北经济区（8个州）、西南经济区（13个州）和南方经济区（4个州）。顿涅茨克—第聂伯东北经济区主要集中了采矿、冶金、化工和重工业等大型企业；西南部经济区以加工业为主；南方经济区则以造船、港务运输和休闲旅游业为特色。

（一）顿涅茨克—第聂伯东北经济区

该区位于乌克兰东北部，包括第聂伯罗彼得罗夫斯克州、顿涅茨克州、哈尔科夫州、基洛沃格勒州、卢汉斯克州、波尔塔瓦州、苏梅州、扎波罗热州共八个州。该经济区面积为22.09万平方千米，占全国面积的三分之一以上。该地区人口占总人口的42.1%，人口密度大，平均每平方千米98人。东部和中部每平方千米在100人以上；城市化程度高，城镇人口占74%。该地区工业包括：燃料、钢铁、机械制造、化工、水泥、玻璃与瓷器、食品工业。

燃料工业：煤炭资源主要是在顿巴斯地区，主要煤矿分布在顿涅茨克、戈尔洛夫卡、托莱兹、红卢奇、斯塔哈诺夫等城市附近；天然气资源主要在该地区中部的埃弗莱莫夫卡、切别林卡、第聂伯罗彼得罗夫斯克附近。

钢铁工业：分布在顿涅茨克、马克耶夫卡、马里乌波尔、克拉马托尔斯克、康斯坦丁诺夫卡、耶纳基耶沃、科穆纳尔斯克等城市。

机械制造业：主要生产柴油机车、铁路车皮、冶金设备、拖拉机等；分布在第聂伯罗彼得罗夫斯克、马克耶夫卡、哈尔科夫、马里乌波尔、克里沃伊罗格等城市。

化学工业：以苏打、硫酸、肥料和石油加工为主。分布在利西昌斯克、第聂伯罗彼得罗夫斯克、顿涅茨克等城市。

水泥工业：分布在克拉马托尔斯克、克里沃伊罗格、安弗罗西耶夫卡等城市。

玻璃与瓷器工业：分布在利西昌斯克、伊久姆、康斯坦丁诺夫卡等城市。

食品工业：主要加工植物油、盐和甜菜，以及粮食、肉、奶、家禽、羊等；分布在顿涅茨克、第聂伯罗彼得罗夫斯克、马里乌波尔、哈尔科夫、巴甫洛格勒等城市。

各主要城市及其工业门类如下：

第聂伯罗彼得罗夫斯克：钢铁、机械与金属加工、化工、皮革、制鞋、食品工业。

顿涅茨克：钢铁、机械与金属加工、化工、纺织、食品工业。

哈尔科夫：机械与金属加工、铁路机械、拖拉机与农业机械、纺织机械、食品工业。

卢甘斯克：机械与金属加工、铁路机械、纺织机械、食品工业。

马里乌波尔：钢铁、机械与金属加工、建材、食品工业。

扎波罗热：钢铁、有色冶金、汽车、食品工业。

（二）西南经济区

该地区为乌克兰的主要农业区，包括13个州：文尼察、沃伦、日托米尔、外喀尔巴阡、伊万诺—弗兰科夫斯克、基辅、利沃夫、罗里夫宁、捷尔诺波尔、赫梅利尼茨基、切尔卡瑟、切尔尼戈夫、切尔诺夫策；面积26.94万平方千米，占全国总面积的45%；人口占全国总人口的43.1%，每平方千米85.6人。城市化程度低于全国平均水平，只有50%；劳动力资源较丰富。

该地区工业专业化分工的门类是：燃料、机械与金属加工、玻璃与瓷器、石油加工工业，以及为轻工、食品工业提供原料。

燃料工业：煤矿位于新伏林斯克、苏卡尔；天然气位于鲍里斯拉夫；石油位于鲍里斯拉夫、卡卢什；发电站位于煤矿和天然气产地附近及河流沿岸的基辅、第波尔斯克、蒙捷列夫—波多尔斯克。

机械与金属加工工业：产品包括轻工及石油天然气工业的仪器设备、公共汽车、内河轮船等。生产加工地分布在利沃夫、捷尔诺波尔、基辅、伊万诺—弗兰科斯克、日托米尔、文尼察等地。

玻璃与瓷器工业：主要在克罗斯坚。

石油加工工业：专业分工是化纤和肥料；主要分布在苏卡尔、利沃夫、达沙瓦、罗夫诺、文尼察、基辅等地。

轻工业：种植亚麻为纺织工业提供原料；分布在罗夫诺、捷尔诺波尔、基辅、日托米尔等地。

食品工业：该地区是乌克兰的农业基地，主要生产粮食、亚麻、甜菜、蚕丝、烟草以及饲养牲畜，为食品工业提供原料；分布在利沃夫、基辅、文尼察、赫梅利尼茨基等地。

主要城市及其工业门类如下：

日托米尔：机械与金属加工、化学纤维、纺织工业。

基辅：机械与金属加工、电子技术、化学纤维、建材、纺织、食品工业。

利沃夫：机械与金属加工、汽车、化工、食品工业。

切尔诺夫策：机械与金属加工、木材加工、食品工业。

文尼察：机械与金属加工、矿物肥料、食品工业。

(三) 南方经济区

该地区濒临黑海和亚速海，大部分是平原。

该地区工业的专业化分工门类是：机械与金属加工、轻工、食品工业。

机械与金属加工工业：主要是造船和农业机械，以及电影器械；主要分布在敖德萨、尼古拉耶夫、赫尔松等城市。

轻工业：分布在敖德萨、尼古拉耶夫、赫尔松等地。

食品工业：以葡萄、捕鱼、鱼罐头制造闻名，还有粮食、植物油；分布在敖德萨、奥恰科夫、尼古拉耶夫、耶夫帕托利亚等城市。

主要城市及其工业门类如下：

敖德萨：机械与金属加工、炼油、矿物肥料、纺织、造船与修船、食品。

尼古拉耶夫：造船与修船、建材、纺织、食品。

赫尔松：造船与修船、建材、炼油、纺织。

第二节　农业

乌克兰的气候和土壤十分适合培植农作物。传统农作物包括谷物、蔬菜和水果等。块根植物甜菜和胡萝卜的产量居欧洲第一。谷类、薯类、豆类农产品产量高。

农业用地占全国领土的69.1%。小麦、玉米、水稻、黑麦、燕麦、大麦、小米、荞麦等农作物种植用地占全国农业用地的一半以上。粮食年产量约3 000万吨。乌克兰也是香精油料作物（玫瑰、薰衣草、鼠尾草等）种植国。

根据自然环境特点，在乌克兰形成了几个专业化农业区，包括林地、森林草原和草原地带、喀尔巴阡山地区和喀尔巴阡山的高山地区：林地用于亚麻和马铃薯种植、奶牛养殖；森林草原和草原地带是粮食作物（冬小麦和春小麦，玉米，大米，小米等）、经济作物（甜菜和向日葵）种植以及奶牛和肉牛、猪羊（东南干旱草原地带）养殖的主要区域；喀尔巴阡山地区是主要的园艺、葡萄种植、烟草种植以及香精油料作物种植区；喀尔巴阡山的高山地区是羊的养殖区。

乌克兰农业区主要集中在波多尔斯基地区、中部地区以及黑海沿岸地区。1991年，乌克兰种植面积为3 202.1万公顷（其中包括1 467万公顷谷物作物、361.2万公顷经济作物、153.3万公顷马铃薯、

47.7万公顷蔬菜和瓜类作物，另外还有1 155.5万公顷饲料作物）。1990年粮食毛收5 100.9万吨，1991年为3 867.4万吨，自1994年以来，乌克兰开始每年进口粮食。截至2008年3月1日，牲畜总计570万头。

玉米产量：

1998年——230万吨；

1999年——170万吨；

2006年——642.6万吨；

2007年——742.4万吨。

2011年，乌克兰马铃薯收成创独立后最高纪录，超过2 300万吨，种植面积143.9万公顷。

2011—2012年，乌克兰的粮食产量占世界粮食产量的2.6%，占全球粮食贸易量的9.2%，在世界粮食出口国中排名第六位。2013年的粮食主要出口到亚洲（34%）、欧盟（27%）和独联体（21%）。

2014年，乌克兰共收获6 380万吨谷物和豆类作物，比2013年多2.4%，创国家独立后的最高纪录。

乌克兰农业发展先决条件除了独特的气候和地理条件，还在于农产品享有一定的声誉。乌克兰的农业生产大部分不使用化学添加剂和肥料，这在当今世界显然受到消费者的青睐。在一定时期内，由于全球市场的高需求，乌克兰农产品出口呈增长趋势。然而，不幸的是，目前乌克兰国内和世界经济形势的恶化致使乌克兰农业发展逐步下滑，现代技术的缺乏使得农业生产效率低下，低效的贷款、税务及福利政策加剧了这一趋势。农业用地的不合理使用以及缺乏有效的农业规划也在一定程度上阻碍了农业的发展。

乌克兰的园艺、蔬菜种植业、葡萄种植业发达。乌克兰的畜牧业也较为发达。奶牛和肉牛、生猪、家禽，尤其水禽养殖业在国内经济中占据一定重要地位。

第三节 工业

乌克兰工业发展的各方面条件较为优异。首先,乌克兰地理位置优越,乌克兰紧邻欧洲,离俄罗斯也不远,既可以通过陆路又可以通过水路与欧洲以及其他国家进行贸易往来;其次,乌克兰资源较丰富,特别是有色金属资源十分丰富,东部有大量的煤炭,顿巴斯煤田世界闻名;最后,乌克兰的工业基础较好,哈尔科夫、卢汉斯克等在苏联时期都是大名鼎鼎的工业中心,重工业产业链齐全,完善的高校教育为各个工业部门培养了大量的优秀人才。

2006年初,乌克兰致力于发展成为工业强国,国内工业大约包括300个领域,其中主导产业为黑色冶金业和机械制造业。

然而,乌克兰的工业发展也有不足之处。主要表现为行业分布不均匀,大型的冶金和化工厂大多数位于乌克兰东部,如扎波罗热地区、基辅、哈尔科夫等工业中心;乌克兰西部则不具备类似的发展潜力,主要发展食品加工业和农业。发达的工业也带来了一系列环境问题,东部地区的污染水平相对要高得多。此外,劳动力人口的分布不均成为乌克兰工业发展的另一阻力。而且近年来乌克兰政局不稳,直接影响到外资进入。乌克兰的工业标准主要还是保留了苏联时期的标准,在一定程度上不能得到欧美国家的认可,而乌克兰与俄罗斯之间的关系近年来也变得尤为紧张。

一、能源工业

乌克兰能源资源只能保障国家的部分需求,对有机燃料的依赖度在65%左右,而欧盟国家这一数值平均为51%。乌克兰的能源依赖度大致相当于德国(61.4%)和奥地利(64.7%)这样的发达国家。政府的任务之一就是优化进口能源的消耗,为此,政府建立了专门的节能和高效利用机构,实施了一系列节能降耗措施(首先针对进口天然气和石油),支持使用非传统能源(包括可再生能源)。

第八章 经济

(一) 石油天然气工业

乌克兰是世界上最早开采石油的国家之一。2013年乌克兰开采石油316.7万吨，进口84.9万吨，出口36万吨，炼油厂消耗406.3万吨。乌克兰有三个含油区：喀尔巴阡山地区、第聂伯河-顿涅茨克地区和黑海沿岸地区。其中东第聂伯河-顿涅茨克地区的石油开采量占乌克兰总石油开采量的一半以上。著名的油田有顿涅茨克油田、鲍里斯拉夫油田等。总的来说，乌克兰的油田大都是老油田，而且已近枯竭，油田分布不均，储量小，散布在各个地区，而且深层矿很难开发。因此，乌克兰的石油开采成本非常高。面对这一形势，乌克兰积极寻找新的替代能源，目前泥炭被认为是最佳替代能源，储备丰富，已探明的矿藏约有3 000处。

乌克兰每年消耗约1 600万吨石油产品，包括汽油和柴油各500万吨，燃油600万吨。乌克兰企业每年炼油量超过5 200万吨。

此外，2016年乌克兰石油产品出口总额达1.16385亿美元。主要客户包括塞浦路斯、意大利、英国。事实上，2015年出口到乌克兰的石油产品比2014年同期下降62%。

截至2008年，乌克兰天然气的年均使用量约为750亿立方米。在乌克兰所用能源中天然气占41%，其中工业消费约占总量的60%，居民和公共生活消费占总量的40%。2005年乌克兰使用的天然气中201亿立方米由自己开采，超过360亿立方米由中亚（主要是土库曼斯坦）供应，约230亿立方米由俄罗斯天然气总公司提供。2005年乌克兰出口天然气50亿立方米。2015年，乌克兰减少天然气使用量20.9%，达337.27亿立方米（工业天然气需求的下降与企业因危机停业有关）。

乌克兰天然气管道的总长为2.83万千米，其中2.46万千米为分销管道，0.37万千米为主管道，主管道中包括0.14万千米直径1 020至1 420毫米的管道（2008年年初数据）。管道系统包括72个压缩机站和13个地下储存库，活性存油量超过320亿立方米（位居欧洲第二，第一为俄罗斯，占全欧活性石油容量的21.3%）。乌克兰天然气管道与俄罗斯、白俄罗斯、摩尔多瓦、罗马尼亚、波兰、匈牙利和斯洛伐克等所有邻国的油气干道相连。管道每年流入量达2 900亿立方米，年流出量达1 750亿立方米。俄罗斯通过乌克兰的天然气管道将本国天然气运往欧洲以及俄罗斯南部地区。2007年俄罗斯通过乌克兰天然气管道运至欧洲的天然气达1 200亿立方米。

乌克兰石油开采量从2015年1月到10月下降了10.6%。2015年9月至10月从哈萨克斯坦进口的石油总额为8 894.3万美元，总量24.8万吨，向立陶宛出口的石油总额为264.7万美元，总量799.5吨。

（二）电能和核能

乌克兰是电力出口国，主要依靠热能、核能和水力发电。乌克兰2006年电力出口达105亿千瓦。主要客户有匈牙利、波兰、斯洛伐克、罗马尼亚和摩尔多瓦。

热能发电是利用煤、石油、天然气的燃烧来产生热能，并通过专门的设备将热能转换成电能来发电。核能发电是利用铀燃料进行核分裂连锁反应所产生的热能来发电，相对于热能发电，核能发电原料消耗少、环境污染小。水力发电的主要特点是耗资少，然而乌克兰对水力的开发力度还不够，目前，只有7%的电能由水力发电厂产生。

乌克兰煤炭业在热能发电方面扮演着重要角色。煤炭工业专门从事煤炭开采及深加工，煤炭矿床主要位于顿涅茨克地区以及利沃夫和沃伦州、第聂伯罗彼得罗夫斯克的部分地区。顿涅茨克地区的矿藏最丰富，其面积为50万平方千米。顿巴斯煤炭开采的最大特点是深度大、有危险气体，这使得煤炭开采成本大大提高。利沃夫-沃伦州煤炭开采容易，但其煤质较低。第聂伯罗彼得罗夫斯克矿床是主要的褐煤矿床。

乌克兰所有核电站均于苏联时期建立并配有VVER-440和VVER-1000型反应堆。2004年，乌克兰四大核电站的供电量占全国的53.2%。

乌克兰另有两个废弃的核电站：

奇吉林核电站——1989年停止建设。

切尔诺贝利核电站——2000年12月15日停止使用。

二、森林产业

乌克兰的林业生产系统包括林业、木材加工业和纸浆造纸业。

(一) 林业

乌克兰的森林资源有限,森林覆盖率为14.3%,主要集中在喀尔巴阡山脉和波里希地区。木材采伐业也主要集中在喀尔巴阡山脉和波里希地区(占采伐量的90%)。

(二) 木材加工业

乌克兰木材加工业分布相当均匀,企业多集中在林区。大型木材加工中心有利沃夫、切尔诺夫策、伊万诺-弗兰科夫斯克、卢茨克、日托米尔、切尔尼戈夫、拉霍夫、亚西尼亚、胡斯特、乌日哥罗德、穆卡切沃、科斯托波尔、绍斯特卡。

大型木材加工企业主要在基辅、顿涅茨克、哈尔科夫、敖德萨、切尔卡瑟、赫尔松。木材加工企业主要生产成材、木刨板、胶合板、火柴。

家具厂主要集中在大城市,如基辅、利沃夫、敖德萨、哈尔科夫和其他城市。

(三) 纸浆和造纸业

邻近原料产地、水资源丰富、通电和有熟练的劳动力是纸张制造企业主要考虑的因素,因此这类企业多分布在林业区。纸浆的主要成分是针叶木和阔叶木。纸浆主要用来生产纸和纸板。考虑到纸浆储量小的客观现实,乌克兰几乎所有的纸浆和造纸企业都十分重视纸张的回收利用。

国内著名的造纸企业有:

基辅纸板-纸张联合公司,位于奥布霍夫市,距基辅市45千米。

鲁比日内纸包装厂,位于卢汉斯克州的鲁比日内市。

基辅、顿涅茨克、第聂伯罗彼得罗夫斯克、利沃夫、伊兹梅尔、杰达奇夫、拉霍夫、赫尔松、秋鲁平斯克(赫尔松州)、马林、斯拉夫达(利尼茨基州)都有纸浆造纸企业。

三、其他工业部门

（一）冶金业

乌克兰冶金业发达，也是为国家创利最多的行业之一。乌克兰冶金业主要包括黑色和有色冶金业、炼焦化学业、轧钢产业。黑色冶金业原材料储备相当丰富（主要为铁矿和石灰石），产品出口约占重工业出口的一半。1990年至2008年，机械制造业在工业生产中的比重从31%降为14%，而黑色冶金业从11%上升到27%。有色冶金业也相当发达，主要为铝业、稀有金属业和贵金属业以及半导体材料加工业。大型冶金企业主要位于马里乌波尔、哈尔科夫、顿涅茨克、卢汉斯克。

（二）化工业

在乌克兰，化工企业主要生产染料、涂料、塑料制品、日用化学品。北顿涅斯克和敖德萨是乌克兰最大的化工中心。药品也是其生产领域之一，大型药物制造企业集中在基辅、利沃夫和哈尔科夫。顿涅茨克、黑海沿岸、第聂伯河沿岸和喀尔巴阡山地区石油化学工业发达。化肥、塑料和有机化工产品是化学工业发展的优先领域。

（三）机械制造业

机械制造业范围广泛，一般来说，该行业主要从事各类机械、电气设备生产，包括运输工程机械制造以及飞机、船舶、军事航空技术和精密仪器的生产，根据用途可分为民用和国防产品。因为无须依赖原材料，企业分布比较自由，大多位于科学技术和高素质技工人员密集地区。乌克兰的大型机械制造厂位于基辅和利沃夫。造船业集中在敖德萨、马里乌波尔。哈尔科夫是农业机械生产中心之一。乌克兰汽车制造业主要位于卢汉斯克、利沃夫和扎波罗热。

（四）轻工业

乌克兰的轻工业主要包括纺织业、服装业、皮革和毛皮业。

1990—1999年，乌克兰轻工业产量减少。2000—2005年，情况发生了变化，轻工业产量增加。2006年，又呈下降趋势。2010年和2011年产量又开始恢复增加。

如今，乌克兰拥有约2 000家公司从事纺织品、服装和鞋类的生产。然而，与20世纪末相比，这些产品的生产规模明显缩减，需要依靠大量进口满足国内需要。近年来，乌克兰涌现了一批从其他国家进口纺织品的服装加工企业。乌克兰的皮草、皮革行业的原料大多产自国内。专门从事儿童和成人针织品的企业集中在波尔塔瓦州，麻纺行业生产主要位于沃伦州、罗夫诺州、日托米尔州。乌克兰生产的鞋类，因其高品质的剪裁制作而备受欢迎，主要的鞋类生产中心是利沃夫、第聂伯罗彼得罗夫斯克和哈尔科夫。

(五) 食品加工业

2003年，食品加工业中的劳动人口占全国劳动人口的12.8%，产品超过3 000种，食品企业随处可见。近年来，食品企业数目越来越多，多邻近原料产地、集体农场。食品加工业的分支行业包括制糖业、面包加工业、油脂加工业、黄油和奶酪制造业、鱼产品加工业、乳制品加工业、肉类加工业、糕点生产业、酿酒业、啤酒和软饮料生产业、面粉加工业、罐头制造业、烟草制造业、制盐业、水果和蔬菜罐头制造业等。

乌克兰各州都有自己的面包厂、乳制品厂，制糖业在19个州都十分发达。大型肉类加工厂集中在基辅、顿涅茨克、敖德萨和利沃夫等城市。乌克兰的食品业离不开葵花籽油、各种葡萄酒和蜂蜜的生产。还有一些专门从事水果和蔬菜罐头制造的食品公司，主要集中在敖德萨、赫尔松和扎波罗热。

(六) 建筑业

1993—1995年，乌克兰对建筑业实行私有化改造，独立前的500家大型企业分化成了现在各自独立的约7 000家建筑装修企业，其中，非国营企业占86.4%。独立前，建筑业从业人员曾多达123.8万人，其所占国民人口比例居当时欧洲的前列，但目前已缩减至76.4万人。乌克兰国内建筑业正处于下滑阶段，乌克兰的房屋保障投资与西方欧洲国家相比相差2到4倍。

历史上乌克兰的建筑业的组织和工艺水平相对较低，物耗和能耗相对较高，建材品种单一，近年来这种情况有所好转。目前，高档建筑项目为银行办公楼、写字楼、餐饮店、宾馆和高级住宅区。建设增长最快的为第聂伯罗彼得罗夫斯克州、基辅州和利沃夫州。基辅州中布罗瓦雷市、基辅-斯维托申斯基区和维什戈罗茨基区的建设规模增长最快。

2016年,乌克兰建筑业经过一段时间的低迷开始复苏,并快速持续发展,基辅最大的建筑企业——基辅城市建筑公司当年完成的住房、停车场和商用设施建设面积达30万平方米,同比增长10%。有关经济学专家指出,发展建筑业正是摆脱经济危机的出路,因为投向建筑业的每1个格里夫纳(乌克兰货币)会给国家经济带来超过4格里夫纳的产值。

第四节 交通运输业

乌克兰地处欧洲腹地,交通地理位置十分优越。其交通运输业发展历史悠久,俄罗斯帝国时期的第一辆有轨电车(1892年)以及苏联时期的第一条高速有轨电车线(1978)都诞生于基辅。乌克兰境内的海陆空交通都很发达,形成了较为完善的交通运输网。

公路运输

乌克兰国内有23条国际公路,2006年初,乌克兰公路总长度为17.23万千米。

铁路运输

铁路运输是乌克兰长途客运和货运的主要运输方式之一。乌克兰第一条铁路始建于1861年。乌克兰铁路运输网于19世纪末基本形成,其中电气化铁路线长为8 600千米。铁路由乌克兰的铁路总局掌管,分为六大铁路干线,分别为顿涅茨克、利沃夫、敖德萨、南部、西南和第聂伯河铁路干线,长约2.3万千米。

管道运输

运输管道主要用于石油、天然气的运输。乌克兰境内石油和天然气管道网发达,2001年,敖德萨—布罗迪石油管道建成,长667千米。该管道绕过土耳其海峡,可将里海和哈萨克斯坦的石油从尤日内港口经格但斯克港口输送到东欧、中欧和北欧的炼油厂。

内河客运

第聂伯河是乌克兰最大的通航河流,第聂伯河和多瑙河是国际货物运输的重要通道，并且有通往黑海和亚速海的出海口，水路总长 4.5 千米。主要内河港口有第聂伯罗彼得罗夫斯克、扎波罗热、赫尔松和基辅等。

海运

海运主要集中在黑海和亚速海沿岸。乌克兰拥有 18 个海港，敖德萨、伊利乔夫斯克、尤日内、赫尔松、尼古拉耶夫和马里乌波尔港是黑海和亚速海的主要港口。2008 年所有港口货物周转量达 1.3218 亿吨。

空中运输

基辅、哈尔科夫、第聂伯罗彼得罗夫斯克、扎波罗热、利沃夫和敖德萨建有国际机场。鲍里斯波尔机场是乌克兰最大的机场。它提供了乌克兰约 65% 的航空客运量，每年提供超过 800 万人次的乘客。机场连接亚洲、欧洲和美洲的许多空中航线，大约有 50 家国内和国外航空公司和机场通航，客运和货运有 100 多条定期的航线。

第五节　旅游业

乌克兰优越的地理位置和迷人的自然风光造就了发达的旅游业。乌克兰每年有超过 2 000 万的外国游客（2008 年为 2 540 万，2011 年为 2 140 万），这些游客主要来自俄罗斯、摩尔多瓦、白俄罗斯以及东欧邻国，其次是美国、乌兹别克斯坦和以色列。

因个人事务前来的外国游客近 90%，然而以旅游为目的申报进入的只有 6%（2011 年为 123 万人）——主要来自俄罗斯（所有游客的 40%）、波兰（11%）、白俄罗斯（9%）、德国（6%）、美国（4%）以及其他发达国家。

主要旅游城市：

基辅——乌克兰首都，位于乌克兰中北部。大部分坐落于第聂伯河右岸，曾被誉为"罗斯诸城之母"。基辅是乌克兰的文化发源地，有许多教堂和修道院、历史文化名人的故居和纪念馆，国家博物馆多达 20 多个。主要旅游景点有乌克兰国立柴可夫斯基音乐学院、乌克兰国家历史博物馆、基辅罗斯公园、基辅洞窟修道院、基辅圣安德烈教堂、基辅卫国战争博物馆、马林斯克公园等。

哈尔科夫——哈尔科夫州首府，是乌克兰第二大城市和最大的工业、交通中心，位于乌克兰东北部，曾是乌克兰苏维埃社会主义共和国的首都。主要旅游景点有哈尔科夫自由广场、哈尔科夫圣母领报大教堂、哈尔科夫高尔基公园、哈尔科夫美术馆和哈尔科夫历史博物馆等。

敖德萨——敖德萨州首府，乌克兰南部城市，是黑海沿岸最大的港口城市和重要的工业、科学、交通、文化教育及旅游中心，被誉为"乌克兰南部珍珠"。敖德萨气候温和，是世界著名的疗养胜地，有"南部棕榈"的美称。主要旅游景点有市园、敖德萨歌剧院、敖德萨普希金博物馆、敖德萨阶梯、敖德萨美术馆、敖德萨考古博物馆、敖德萨东西艺术博物馆等。

其他旅游城市及其有特色的旅游景点：

卡梅涅茨波多利斯克——中世纪历史文化建筑群。

利沃夫——中世纪老城区，独特的波兰和德国元素建筑。

穆卡切沃——喀尔巴阡地区重要的文化中心。

切尔尼戈夫——古罗斯建筑遗迹。

切尔诺夫策——布科维纳的历史中心，与利沃夫一起被看作西乌克兰的文化中心，留有奥地利时代建筑。

第聂伯罗彼得罗夫斯克——一个相对年轻的城市，拥有欧洲最长的沿岸街（23千米）。

扎波罗热——拥有欧洲最长的大街（15千米）、第聂伯河水电站，霍尔季察岛是在乌克兰第聂伯河河上甚至欧洲河流中最大的岛屿，是乌克兰历史文化保护区。

著名的自然景观：

喀尔巴阡山——位于乌克兰的利沃夫市，是乌克兰最大的天然室外滑雪基地，景观壮美，素有"森林公园"的美誉。

黑海和亚速海沿岸——海滩度假胜地。

第聂伯河——游船、海边度假、钓鱼、冲浪。

第六节　对外贸易

苏联解体以前乌克兰对外贸易在国民经济中所占比重不大，独立以后，乌克兰政府希望尽快建立起新的外贸格局，建立市场经济体系，深入国际市场。

乌克兰对外经济关系多样：贸易、国际合作、资本与劳务输入与输出、提供和接受服务（生产服务、运输发送服务、保险服务、咨询服务、销售服务、进出口中介服务和法律服务）、国际合资企业、外汇、金融和信贷关系、旅游、商业展览会、博览会、拍卖会等。

乌克兰与190个国家建立了贸易关系，这些贸易关系可以分成三类：区域性贸易关系（与独联体和中欧国家间）；世界性贸易关系（与世界其他国家间）；全球性贸易关系（与国际货币基金、信贷和贸易组织间）。

乌克兰对外贸易的主要合作伙伴有俄罗斯、土耳其、中国、埃及、欧盟国家、白俄罗斯和哈萨克斯坦等。

最近几年，乌克兰销往独联体国家的出口商品因为受到了其他国家（主要是北美洲、西欧和亚洲国家）出口商品的有力竞争，出口贸易不理想。

乌克兰进出口商品结构过于单一化，在出口商品中农产品和冶金产品所占比例较大；而进口商品中，原矿产品和机械制造产品占比例突出。尽管历届政府都以克服进出口商品结构单一化的问题为己任，并争取尽量减少原材料和半成品出口比重，增加高科技含量产品出口比重，但出口产品中低增值商品和半成品的比例仍然呈现上升趋势。

2008年金融危机之前，冶金业和化工业带来的出口收入占总出口收入的一半多。2014年，乌克兰谷物出口额达65亿美元，铁矿出口额达33亿美元。2014年，农产品出口量在21世纪首次超过了冶金产品出口量，农业成为出口的主导产业。2015年，农业占总出口量的38%以上，黑色冶金占出口收入的20%以上。同年，乌克兰铁矿石出口额达22亿美元，占该国出口量的6%。

一、乌克兰对外贸易政策

乌克兰政府曾经在国情咨文中强调应当加快经济转轨的步伐，使乌克兰经济走上振兴的轨道，应当在平等互利原则基础上发展对外经济合作关系。这要求乌克兰政府致力于彻底的经济改革，从而建立一个新型的经济体系，同时要求乌克兰经济在转轨的过程中必须在以下两个方面做出成绩：首先，在国内方面，稳定国内财政状况，加强银行体系的建设和管理，巩固本国货币在市场上的绝对地位，建立、健全证券和资本市场，全面改善国内的投资环境；其次，在对外经济合作战略方面，积极研究并出台符合本国国情和实际的方针政策，切实保障对外经济合作的顺利和有序开展。

乌克兰对外经济战略改革的主要内容包括以下几个方面：

（1）大力发展本国强势工业对外出口贸易，例如储量较高的有色金属产品、机械产品、电子化工产品、船舶和飞机出口等。通过大力推进优势行业的产品出口，挖掘本国出口潜力，寻找对外贸易的突破口和增长点；

（2）利用经济发展的基本规律规范市场活动，充分利用市场对经济的调节作用；

（3）了解并遵守世界经济市场上通行的各项规定和原则，并以此作为衡量本国对外经济活动的标准；

（4）改善进出口体系，拓宽对外贸易渠道，消除参与国际市场经济活动的制度障碍；

（5）积极接触国际融资机构，最大限度地吸引外商和外资，改善投资环境；

（6）根据地缘政治理论积极发展区域经济一体化合作，改善与周边国家和国际组织的经济关系。

1994年底，乌克兰宣布放弃核武器，声明不参加任何含军事内容的同盟，并在各项涉及军事同盟的条约中持中立立场。这一声明不仅标志着乌克兰在处理对外关系的问题上发生了深度转变，也标志着乌克兰在对外经济战略上实施了重大调整。本着这一指导思想，乌克兰政府推出一系列新政策，旨在重新整理对外经济关系问题上的国家态度。例如，坚定经济发展为国家发展的基本方向；积极参与地区性和全球性经济贸易和科技合作;妥善处理与俄罗斯及其他独联体国家经贸合作;保持原有经济联系并拓宽在科技投资领域的合作;注重发展与亚洲国家特别是中国的经贸联系;鼓励对国家基础设施建设的投资;鼓励企业开发科技附加值高的产品,对高能耗低质量的产品予以严格管控;根据国民经济各部门发展情况,调整进口商品目录,以便在改善民生的同时保护本国企业。

乌克兰之所以调整对外经济关系,原因不外乎有以下几点:

(1)脱离旧的苏联体制之后,与周边国家尤其是俄罗斯的经济联系出现不稳定因素,经济发展需要有新的合作伙伴;

(2)致力于加入欧洲市场的经济策略遇到阻碍,全面融入西方经济市场的步伐缓慢,需要开辟新的合作空间;

(3)亚洲国家,尤其是中国等国的经济飞速发展,巨大的市场容量和经济发展吸引力使乌克兰政府开始思索新伙伴的可能性。

二、乌克兰对外贸易体制

1992年,乌克兰制定了独立后的第一部《对外经济活动法》,确立了外贸管理体制的改革和发展方向:实施对外贸易自由化,加入世界贸易体系。外贸经营权实行登记制度,即乌克兰境内的所有合法注册企业,在向经济部申请办理有关登记手续后,自动获得外贸经营权。

1999年底,乌克兰对国家外贸政策和外贸管理机构进行了重大调整,强化国家外贸管理职能,简化管理程序,国家主要行政调控职能统一划归新组建的乌克兰经济部(2001年更名为经济和欧洲一体化部)。乌克兰的对外经贸活动通过以下关税和非关税措施加以调控:

(一)关税调节

目前乌克兰的平均关税水平为23%,为适应加入世贸组织的条件要求,乌克兰在2005年以前将关税总体水平降至14%。

在进口方面,乌克兰制定进口税率的原则是:对于依赖进口的商品实行零税率;对于本国生产能力不足的商品征收2%~5%的关税;对于本国产量较大,基本可以满足需求的商品征收10%以上的进口税;对于本国产量高并满足出口需要的商品征收高关税,如食用植物油的进口关税为40%。目前乌克兰大部分商品的进口税率为20%~

30%。根据乌克兰《统一关税税率法》，乌克兰进口关税的征税税率分为三类：

（1）普惠税率——与乌克兰建立海关联盟或在协议基础上与乌克兰相互提供普惠待遇的国家的进口商品。

（2）优惠税率——相互提供最惠国待遇的国家的进口商品。

（3）整税率——自然人进口商品和未与乌克兰达成最惠国待遇协议的国家的进口商品。

在出口方面，除牲畜及毛皮制品、有色金属、废金属和特种装备外，其他出口商品免征出口关税，包括配额许可证出口管理商品。

作为关税调节手段，乌克兰法律规定可采取以下几类特殊关税：

（1）季节性进出口关税；

（2）反倾销关税；

（3）补偿关税（反补贴关税和补偿补贴关税）；

（4）特别关税（为保护本国生产者、惩罚违法行为和报复国外歧视性行为而采用的关税）。

（二）非关税调节

配额和许可证制度为保证国家支付平衡和维护国内商品市场秩序，在下列情况下乌克兰对进出口商品实行许可证配额管理：

（1）在乌克兰统计平衡出现大幅度萎缩时，其逆差在相应日期超过乌克兰外汇要求总数的25%的情况下；

（2）在达到乌克兰议会所规定的外债水平的情况下；

（3）在乌克兰国内市场的某些商品，特别是农产品、海产品、食品工业产品和日常生活必需品的供求严重失衡的情况下；

（4）为稳定进口与国产生产原料供应比例平衡的情况下；

（5）在面对来自国外的贸易歧视性行为的情况下；

（6）在外贸经营者违反国家法律规定的情况下。

乌克兰政府每年公布一次进出口主动配额许可证管理商品名单，乌克兰经济部及其下属授权部门会同政府有关部门负责发证并监督使用，海关凭有关文件对商品数量进行登记后予以放行。实行配额许可证管理的商品名单及期限由乌克兰议会批准。

(三）外贸合同登记制度

根据乌克兰有关规定，凡合同对象为转口商品，其他国家实行配额许可证限制的乌克兰出口商品，为防止国外反倾销调查而主动减少出口的商品，正在接受国外反倾销调查的乌克兰出口商品等，其出口合同必须进行登记。

实行出口合同登记制度的商品名单由乌克兰经济部确定。

乌克兰经济部对下列进出口商品规定指导性价格：

（1）乌克兰境内外遭到反倾销惩罚和反倾销调查的商品。

（2）使用国家外汇基金，通过国际招标采购的进口成套设备或大宗商品。

（3）配额许可证限制的商品。

（4）国家专控商品（武器、弹药、军事技术及其生产成套设备、炸药；核物资、核技术、核设备、核装置、特种非核物资、电离辐射源；用于军事装备和军事技术并根据乌克兰法律构成乌克兰国家机密的其他产品、技术和服务；贵重金属、合金、宝石、麻醉品、艺术作品、博物馆藏品）。

（5）乌克兰为履行国际义务而出口的商品。

乌克兰经济部下设的国外商品市场监控中心负责对指导性价格实施情况进行监督。

乌克兰对转让、出售武器、军事和特种技术，部分军品生产原材料、设备和工艺进行国家出口监控。

经营国家出口监控商品的企业需向政府申请特别经营权，监控商品的出口合同须经经济部特别出口监督局批准、发证、登记后方可执行，海关凭许可证检查放行。

出口监控商品清单由乌克兰政府确定。

乌克兰法律规定在下列情况下可对本国和外国企业实行特别制裁措施：

（1）对违反乌克兰有关反垄断措施、禁止非公平竞争、限制转口、禁止倾销等法律规定的企业实行单独许可证制度，即单独审批制度。

（2）对违反乌克兰有关法律，从事可能危害国家经济安全的活动的企业暂停其外贸经营权。

特别制裁措施由乌克兰经济部根据执法机关的裁决予以实施。

（四）商品检验制度

根据乌克兰有关规定，国际贸易商品目录中的1—24类商品在进入乌克兰边境时，均须提供乌克兰商检部门出具的商品质量合格证明和国外品质证书的认证证明。

乌克兰主管进口商品检验的机构是乌克兰国家标准计量认证委员会。乌克兰国家标准计量委员会和各州的25个标准认证中心负责进口商品的检验和认证工作。乌克兰的进口商品检验程序分三种：

（1）必须（强制）认证商品。根据乌认证标准条例规定，100多种进口商品必须获得强制认证后方可进入乌克兰境内和在乌克兰国内市场销售，如药品、玩具、农产品、食品、食品原料等。对赠品、展品、人道主义援助和技术援助商品、企业法定基金项下的生产资料、境外来料、海关保税商品和转口商品免予强制认证。

（2）非必须认证商品。只要出示商品生产国的商检合格证书并在抽样检查合格后，即可进口、销售，如部分日用轻工业产品和食品、部分原料性产品等。乌克兰对技术设备产品进行单独认证。

（3）互免认证商品。根据乌克兰签订的双边合作协议，如协议国家商检部门对其生产的出口商品已经进行了检验并颁发了品质证书，则该商品在进入乌克兰边境时可免除质量认证手续。1997年4月，中国与乌克兰于签署了《中华人民共和国政府与乌克兰政府进出口商品合格评定合作协定》，在双方交换并承认相互提供的商品检验实验室和商品清单后，清单范围内的中国出口商品可享受免于认证的待遇。

乌克兰对进口商品采用以下检验标准：如乌克兰类似的国产产品有相应的标准规定，则对进口商品采用本国的技术、药理、卫生、植物卫生、兽医及生态验证标准；如乌克兰不生产类似商品，进（出）口商须提供符合现行国际技术、药理、卫生、植物卫生、兽医及生态标准的产品品质证书，或符合该商品世界主要出口国国家标准的品质证书；如乌克兰与相应的国家签署了相互承认商检结果的协议，则进口商须出示该产品符合出口国现行标准的证明文件。

（五）商品原产地标准

乌克兰发放商品原产地证书的标准是：

（1）商品在乌境内加工后的附加值达到50%以上；

（2）在乌加工后，产品的海关税号发生了变化。

乌克兰原产地证书的发证机构是乌克兰工商会及其分会。

乌克兰企业及在乌注册的外国企业均有权申请出具原产地证书。办理原产地证书的必备文件包括：

（1）企业文件；

（2）产品生产或买卖合同；

（3）商品发运单；

（4）支付凭证；

（5）产品品质证书；

（6）技术设备产品的使用说明；

（7）发证申请。

（六）信用证结算方式

乌克兰在进口管理、交易规则、商业信用等方面对本国进口商和外国出口商的特殊要求：乌克兰政府鼓励本国进口商在进口国外商品时采用托收和信用证结算的方式。

在托收支付方式下，除一般性标准条款外还特别要求：

（1）签约时必须约定在授权银行取得有关单证后的具体时间（注明固定天数）内进行托收付款；

（2）凡进口时标注的货到目的港后结算的商品，其最终结算以银行转账方式进行，如无可能则应由卖方提出最终托收结款数额；

（3）通常最终结算发生在船到乌克兰目的港（海运条件）之日180天后，在其他运输方式下，付款期限应规定从货物越过乌克兰边境时算起或其他有利于乌克兰买主的付款期限；

（4）机械设备供货时必须规定全套供货后结款；

（5）必须要求卖方结清全部银行费用，包括买方所在国境内的有关费用；

（6）如卖方向买方提供商业信用，在合同付款条件下要注明买方需向卖方支付的贷款年利率及货值。

信用证结算方式下，一般性标准条款外的特别要求：买方不应允许在合同中规定有外国银行对授权银行开立的信用证进行确认的条款，如根据卖方所在国法律规定必须由国外银行对授权银行开立的信用证进行确认者，买方应征求开证行的许可。

三、乌克兰对外贸易发展

乌克兰的对外贸易从经济转轨以来出现增长和发展的同时，也存在着一系列问题。下面以2015年乌克兰对外贸易发展的各项具体数据为例来分析乌克兰对外贸易。

（一）商品贸易

出口货物总值381.348亿美元，同比下降29.3%。

主要出口目的国：俄罗斯（占比12.7%）、土耳其（7.3%）、中国（6.3%）、埃及（5.5%）、意大利（5.2%）、波兰（5.2%）、印度（3.8%）、德国（3.5%）。

主要出口商品：金属及其制品（占比24.8%）、植物类产品（20.9%）、机电产品（10.3%）、植物类脂肪和油产品（8.7%）、矿产品（8.1%）、食品（6.5%）、化工及相关工业产品（5.6%）。

进口货物总值375.023亿美元，同比下降31.1%。

主要进口来源国：俄罗斯（占比20%）、德国（10.4%）、中国（10.1%）、白俄罗斯（6.5%）、波兰（6.2%）、匈牙利（4.1%）、美国（3.9%）。

主要进口商品：矿产品（占比31.2%）、机电产品（16.7%）、化工及相关产品（13.3%）、塑料及其制品（7.1%）、贱金属及其产品（5.3%）、海陆空交通工具（4.7%）、食品（4.3%）。

全年货物贸易顺差6.325亿美元。2014年逆差5.27亿美元。

（二）服务贸易

服务出口95.511亿美元，同比下降17.1%。

主要出口目的国：俄罗斯（占比31.6%）、瑞士（7.8%）、美国（6.8%）、英国（5.6%）、德国（4.7%）、土库曼斯坦（2.7%）、塞浦路斯（2.6%）、阿联酋（2.1%）。

主要出口品种为：交通运输服务（占比54.8%），通信、计算机和信息服务（15.9%），材料加工（11.1%），商务服务（8.2%）。服务进口51.444亿美元，同比下降19.3%。

主要进口来源国：英国（占比12.9%）、俄罗斯（12.8%）、德国（9.3%）、美国（5.6%）、塞浦路斯（5.5%）、瑞士（4.5%）、土耳其（3.8%）、荷兰（2.7%）。

主要进口品种：交通运输（占比22.3%），金融相关（16.5%），国家和政府服务（14.7%），商务（13.4%），旅游服务（11.6%），通信、计算机和信息服务（10.4%）。

全年服务贸易顺差44.067亿美元。2014年顺差51.477亿美元。

通过数据可以看出乌克兰对外贸易有以下特点：

首先，从贸易总额来看，出口贸易中不管是货物贸易还是服务贸易都呈下降趋势，并且在对外贸易总额的数据中，贸易出口额所占的比重明显高于服务出口贸易。

其次，从出口商品和服务种类来看，货物出口的种类主要集中在金属和工业产品、制造业等能耗高且污染严重的产品，而服务出口种类主要集中在运输业，缺少高技术附加值的科技类服务。

最后，从对外贸易对象国来看，对于乌克兰来说，不论是在货物贸易还是服务贸易的进出口额上，俄罗斯是无可争议的第一大贸易伙伴，其次是欧洲国家，而在货物贸易进出口方面，乌克兰的服务进出口主要集中在俄罗斯和欧洲范围内。

下篇

第九章　中乌政治关系的发展

第一节　中乌友好关系回顾

中乌两国是友好国家，现在作为已经建立正式外交关系的国家，双方的政治、经济、文化、科技等各领域都将有较深入和广泛的合作。从历史上看，中乌两国的友好关系也是有渊源可循的。

在古罗斯时期，基辅作为罗斯的文明发祥地和摇篮，是当时的罗斯政治经济文化中心。"瓦良格之路"是当时繁盛一时的贯通南北的商贸文化之路，与此同时，"丝绸之路"也间接地与之相交。据史料记载，东正教的传播和发展带来的文化交流与互动是中乌间最早关系的开端。乌克兰为东正教输送着大批的神职人员，尤其是高级的神职人员，占当时俄国的神职人员总数的60%。1715年俄国派遣的第一批驻中国的东正教教士团的首领即为乌克兰人。他成为俄国驻北京东正教教士团的重要奠基人，并且成为乌克兰官方正式来华的第一人。

早期来华的乌克兰神职人员以最直接的方式促进了中乌之间的关系的建立。虽然中国并没有从这些神职人员身上了解到乌克兰，但他们却必然地成为乌克兰了解中国的媒介和窗口。

19世纪末，清朝大臣李鸿章率领的访问使团到访黑海的敖德萨港，并穿越乌克兰抵达圣彼得堡。20世纪初，经过敖德萨港的华人呈现大幅的增长。1906年后至第一次世界大战爆发，每年都有一定数量的华人通过敖德萨出入乌克兰境内。最初到达乌克兰的华人主要是小生意人和手工业者。他们主要依靠传统的手工艺在这里制作和出售含有民族特色的工艺制品，例如灯笼、纸花等。他们当中也有为数不少的人成为力工，靠出卖劳动力获得报酬。

乌克兰作为第一次世界大战的重要战场，在奥匈帝国与俄国的战事中承受了巨大的牺牲和损失。第一次世界大战期间，大批华人作为华工应征来到乌克兰。乌克兰地区急需华工的呼声最高、行动最积极。因此在第一次世界大战期间，大批的中国人涌入乌克兰。如果把在军队中的华工也计算在内，那么第一次世界大战期间乌克兰的华工数量约有6 000~7 000人。

第二节　中乌友好关系现状

1991年苏联解体后，中乌两国外交大事件如下：

1991年12月27日，中国承认乌克兰独立。

1992年1月4日，中乌两国建立大使级外交关系。建交后，双边关系健康稳步发展。

2010年9月，亚努科维奇总统对中国进行国事访问，两国签署全面提升中乌友好合作关系水平的联合声明等12项双边合作文件。

2011年4月，阿扎罗夫总理来华访问并出席博鳌亚洲论坛2011年年会。

2011年6月，中国国家主席胡锦涛对乌克兰进行国事访问，双方签署《中华人民共和国和乌克兰关于建立和发展战略伙伴关系的联合声明》，确定两国关系新定位。双方高层交往频繁，政治关系全面提升，务实合作机制更加完善，经贸合作发展势头良好。

2013年12月5日，中国国家主席习近平在北京人民大会堂举行欢迎仪式，欢迎乌克兰总统亚努科维奇访华。双方签署《中华人民共和国和乌克兰友好合作条约》。中华人民共和国和乌克兰（下称双方），根据双边关系最新发展及国际和地区形势的深刻变化，基于进一步深化中乌战略伙伴关系的共同愿望，决定全面推进两国政治、经贸和其他领域交流与合作，声明如下：

（一）2013年12月5日签署的《中华人民共和国和乌克兰友好合作条约》具有重要意义，标志着中乌关系迈上更高发展水平。条约在总结历史经验的基础上,概括了中乌关系的主要原则和成果,将两国和两国人民世代友好的和平思想用法律形式确定下来。双方决心以条约为两国友好合作的法律基础,恪守1992年建交以来中乌签署的所有文件确立的各项原则,推动中乌战略伙伴关系不断发展,造福两国人民。

(二)双方强调,在涉及国家主权、统一和领土完整的问题上相互坚定支持是两国战略伙伴关系的重要内容。双方相互坚定支持对方根据本国国情选择的发展道路,支持对方为维护国家独立、主权和领土完整,保障政治社会稳定,发展民族经济所做的努力。任何一方根据本国法律及其参加的国际条约不得允许在本国领土上成立任何损害另一方主权、安全或领土完整的分裂、恐怖和极端组织或团伙。乌方重申坚定奉行一个中国政策,承认中华人民共和国政府是代表全中国的唯一合法政府,台湾是中国领土不可分割的一部分,反对任何形式的"台独",支持两岸关系和平发展和中国和平统一大业。中方高度评价乌克兰单方面放弃核武器,以无核武器国家身份加入1968年7月1日签署的《不扩散核武器条约》。中方根据联合国安理会第984号决议和1994年12月4日中国政府声明,承诺无条件不对作为无核武器国家的乌克兰使用或威胁使用核武器。

(三)双方一致认为,深化中乌战略伙伴关系面临的重要任务是把两国高水平的政治关系优势转化为各领域合作的实际成果。为此,双方批准实施《中华人民共和国和乌克兰战略伙伴关系发展规划(2014—2018年)》,将采取切实措施全面落实该规划,重点加强以下合作,以促进双方共同发展:继续保持密切的高层交往,促进两国政府、立法机构、政党等开展全面交往,完善高层和其他各级别会晤和对话机制,扩大地方交流与合作。充分发挥两国政府间合作委员会作用,大力推进委员会工作顺利开展,定期举行委员会及其各分委会会议。双方高度评价2013年9月24日在北京举行的委员会第二次会议所取得的成果,表示会根据双方合作需要建立新的分委会或在现有分委会框架内设立工作组。优先开展和加强农业、能源资源、基础设施建设、金融、高科技、航空、航天等领域务实合作,稳步推进大型合作项目。深入挖掘合作潜力,积极探索新的合作形式和方向,促进两国经济合作平衡发展。扩大和支持两国实业界开展相互投资,共同努力改善投资和经营环境。加强双边和多边层面的执法安全、司法、预防和消除紧急状态领域合作，并根据需要建立新的对话和联络机制。大力开展全方位、宽领域、多层次的人文合作，积极推进人文合作的机制化建设，加强文化、教育、新闻、旅游、医疗卫生和体育等方面的交流与合作，扩大民间往来和青少年交往，以增进两国人民的相互了解和友谊，巩固两国世代友好。

（四）双方将根据国际法、双边条约和各自法律，采取有效措施促进双方人员往来，保障对方国家公民和法人在本国境内的合法权益，为深化中乌各领域合作创造更加有利的条件。

（五）双方将继续加强在联合国等多边框架内的对话与协作，就共同关心的国际和地区问题保持密切沟通与配合，为两国发展营造良好的国际环境。双方指出，联合国在维护世界和平、促进共同发展和推动国际合作方面发挥着核心作用。双方主张切实遵循《联合国宪章》的宗旨和原则，和平解决国际争端和热点问题，反对动辄诉诸武力或以武力相威胁，反对一切形式的恐怖主义。双方愿在打击恐怖主义、分裂主义和极端主义及其他犯罪活动方面加强合作。双方愿与国际社会携手努力，推进国际关系民主化进程，共同应对全球性和区域性挑战，推动建立更加公正、合理的国际秩序。双方主张加强宏观经济政策协调，积极参与全球经济治理进程，推动贸易和投资自由化便利化，反对各种形式的贸易和投资保护主义和歧视行为。

（六）乌克兰总统维克托·亚努科维奇邀请中华人民共和国主席习近平在方便的时候访问乌克兰。中华人民共和国主席习近平表示感谢并愉快地接受了邀请。

目前，中乌间的国家关系定位为战略合作伙伴关系。如何理解战略合作伙伴关系的定义，也是理解中乌国家关系的关键。中乌间的战略合作伙伴关系具有以下几方面含义：

（一）从既定的目标来看，中乌间的国家关系有通过具体措施来实现国家战略意志的使命；

（二）从合作关系来看，中乌间更强调在困难时刻双方的互相支持与责任，强调在重大问题面前通过协商和讨论决定有争议的问题，并共同制定符合双方各自和共同利益的利益分配规则和标准；

（三）从合作周期来看，战略合作伙伴关系强调双方合作的长远性和稳定性,这是由战略目标的自身属性决定的。

战略合作关系通常用来规范成员国家在国际社会上的本国行为,从而促进双方达到各自和共同的在国际社会交往过程中的目标。通常战略伙伴关系通过以下几种模式来实现:用于抵抗整体危险的战略合作伙伴关系;以实现战略结果为合作目的的战略合作关系;不均衡战略伙伴关系。

在当前国际形势继续发生深刻复杂变化以及中乌两国均处于国家振兴战略机遇期的大背景下,双方在战略协作伙伴关系的框架下,在政治、经贸、科技、人文等领域的合作不断深化,双边关系呈现勃勃生机,主要表现在以下几个方面:

(一)双方高层交往频繁,政治关系提升为两国全面提升双边关系整体水平、充实其战略内涵起到关键性的促进作用。

(二)务实合作机制更加完善。双方成立了副总理级中乌政府间合作委员会,下设经贸、科技、文化、航天、农业、教育、卫生七个分委会。

(三)科技合作不断深化。双边积极开展在航空、航天、造船、电力、电子、通信、新能源、新材料、农业、环保等领域的合作。

(四)人文交往日益增多。"中国热"持续升温,尤其是青少年交流领域十分活跃。

(五)在国际和地区事务中保持良好沟通和协调。双方在联合国改革、气候变化等重大问题上立场相同或相近,在各国际组织事务中相互协作、相互支持。

第十章　中乌经贸合作的历史发展

第一节　中乌经贸合作历史发展阶段

中国与乌克兰于1992年建交,双方的经贸合作也是从这时开始的。回顾过去的20多年里中乌两国的经贸合作,不难看出,双方的贸易合作经历了曲折的发展历程。1992年1月4日,两国发表建交联合公报,随后签署了中乌经济贸易合作协定,并互设商务代表处,确定在经贸合作上互相提供最惠国待遇。除此之外,双方在对方领土上开设经济参与体的代表机构;在各自境内开设合资企业;在文化、科学、教育等方面全面开展合作与交流。从中乌两国间的贸易总额数据来看,1992年两国的贸易合作总额为2亿美元,而2013年这一数字比原来有了大幅度增长,双边贸易总额突破100亿美元大关。两国间的经贸合作虽然经历了一些波折,但总体发展方向较为乐观,这与乌克兰对外经济战略计划有十分紧密的关系。

乌克兰在经历了1991年的政治和经济剧变后,走上了政治和经济转轨的进程。在这一过程中,国家、社会发展的方方面面的方针政策都有了较大转变。在对外经济战略的制定上,乌克兰政府确定了以下几个主要方面:

(1) 全力鼓励出口,挖掘出口潜力。出口商品包括黑色金属、有色金属、铝制品、机器、汽车、飞机发动机及其配件、船舶、电子产品、化工产品等。

(2) 拓宽对外经济渠道,给所有参与经济活动的主体同等外贸权利，帮助其走向国际市场。

（3）利用市场经济发展规律管理经济活动。

（4）积极参与主要国际经济贸易组织并遵守相关规则，力求扩大乌克兰的对外经济利益。

（5）平衡地缘政治和地缘经济中乌克兰与周边地区国家的关系，为对外经济发展创造和平稳定的外部条件。

（6）完善出口体系，规范管理制度。

（7）利用国际金融机构的职能与影响，广泛吸收国外资本。

得益于乌克兰对外经济战略的新变化，中国获得了更多与乌克兰开展双边贸易合作的可能性。中乌两国间的贸易合作总体来看主要分为以下几个发展阶段：

一、合作初期

中乌两国贸易合作的初期主要是指从两国正式签署建交协议以来到1994年的这段时间。截至1994年，双方的贸易额超过8亿美元。促进双方经贸稳步发展的原因主要有：

（一）外交关系的确立为双方的经贸合作打开沟通渠道。苏联解体之后，乌克兰宣布独立。中国政府承认乌克兰政府的合法性并签署联合公报。这有利于双方从各自的立场出发，在和平共处原则的基础上开展各项合作。

（二）中乌两国当时的贸易主要产品具有互补性。苏联时期，乌克兰形成了以重工业为主的经济发展模式。在这一模式下，包括钢铁、化工原材料及军工在内的产品生产在当时的乌克兰经济发展中占有较大比重，而轻工业产品发展较为滞后也使乌克兰的产品出口主要以重工业产品为主。当时，乌克兰对中国主要出口的产品为矿产、钢材、化工产品、化肥、机械设备和汽车等。乌克兰的飞机、重型运输机械、起重设备、仪器仪表、摄影器材由于技术领先且全面，在出口上也有较强的优势。20世纪90年代初的中国，对外出口的产品主要是农副产品、轻工业产品和日用消费品等，这对当时的乌克兰进口需求来说可谓是完全契合，弥补了乌克兰经济的短缺和不足，满足了国民对这些产品的需求。较强的双边贸易互补性使双方的贸易额逐渐稳步增长。

二、合作下滑阶段

中乌间经贸合作的下滑阶段从1995年持续到1998年。影响中乌在这一时期内的经贸合作的原因主要有以下两个方面：

（一）双方贸易产品的出口额大幅度下降。导致这一现象产生的原因是，随着苏联解体，乌克兰经济逐渐从波动中恢复秩序；解体之初的市场混乱和产品短缺的局面逐渐得到了控制；中国主要出口的农副产品和轻工业产品逐渐失去市场竞争力；土耳其和波兰等国的适时而入也使中国产品在乌克兰的市场份额大幅度下降。1996年中国对乌出口贸易额下降到不足6 000万美元。

（二）席卷全球的1998年金融危机对乌克兰的经济产生巨大消极影响。金融危机导致货币大幅贬值，直接损害了乌克兰的进口商品购买力。在这段时间内，钢材成为乌克兰对中国出口的为数不多的产品之一。

三、合作快速恢复阶段

1999—2003年是中乌间经贸合作的快速恢复阶段。1999年开始，中国从乌克兰进口大量机电产品和军工技术设备，迅速改善了两国商品贸易的低迷状况。在这段时期内，中国经济快速发展，这为恢复中国与乌克兰的经贸关系提供了有利时机。同期，乌克兰武器及军事技术的出口也迎来了高峰。1999—2004年，乌克兰上述产品出口创汇位居世界第五位，并且成为中国的第二大武器供应国。

四、合作平稳增长阶段

从2004年起，中国和乌克兰的经济发展都进入了快速发展阶段。中国和乌克兰的双边贸易此时也进入了稳定增长阶段。双方在发挥产品互补性优势的基础上扩大贸易合作的领域，中国在这一阶段内成为乌克兰在亚洲的第一大贸易伙伴。双方在传统产品合作的基础上，通信、物流、金融、旅游等行业的合作也逐渐增长并成为双边贸易的新主角。

第二节　中乌经贸合作发展特点

随着近些年来中国和乌克兰的经济形势不断变化，中乌经贸合作也呈现出新的发展特点。根据世界银行提供的数据，2014年乌克兰GDP总量为1 318亿美元，人均GDP为3 726美元，属于中等收入国家。但是近些年乌克兰经济增长不容乐观，据中华人民共和国驻乌克兰大使馆经济商务参赞处的资料显示，2013年全年乌克兰GDP基本零增长，2014年受乌克兰危机影响，GDP同比下降6.8%，2015年由于受到外围市场动荡的影响，乌克兰经济再度下滑。独立以来，乌克兰经济发展水平基本维持在苏联解体时期的状况，没有大的增长，与其他中东欧、独联体国家相比，形成鲜明反差。乌克兰经济发展缺乏稳定性和独立性成为中乌两国间经贸合作发展的主要隐患。

但是，从投资环境来看，乌克兰仍然具有明显的先天优势：

（一）乌克兰是欧洲境内除俄罗斯外领土面积最大的国家，境内矿产资源丰富，蕴藏有大量的铁矿石、锰矿石、煤炭、石油和天然气等资源，许多矿产都是出口的热门产品。

（二）乌克兰人口众多，市场大。截至2014年，乌克兰人口达0.453亿。除了劳动力资源丰富外，乌克兰人口还具有劳动力廉价、素质高、受教育水平高等优势。

（三）乌克兰继承了苏联时期的众多发达的重工业，工业门类齐全，具有产量高、规模大的特点。机械、化工、煤炭、军工已成为乌克兰工业的主导部门。

（四）乌克兰境内基础设施完善，铁路、公路、河运以及海上运输发达。陆地方面，乌克兰东西连接欧洲与俄罗斯，南北贯通北欧与地中海沿岸国家，是重要的交通枢纽。河运方面，乌克兰国内河流众多，尤以第聂伯河著称，贯穿南北，经过基辅。海运方面，乌克兰临近黑海和亚速海，海岸线长，拥有敖德萨、伊利乔夫斯克、日丹诺夫（马里乌波尔）等一批重要港口。

（五）乌克兰地处世界三大黑土带之一，土地肥沃，气候适宜，机械化水平高，适合大规模农业生产，粮食大量对外出口，素有"欧洲谷仓"之美誉。

总的来说，乌克兰先天优势明显，可投资领域众多。从中国与乌克兰经贸合作现状来看，目前已经相当成熟可观。据中华人民共和国驻乌克兰大使馆经济商务参赞处的资料显示，在乌克兰的贸易结构中，中国是仅次于俄罗斯的第二大贸易伙伴。

受乌克兰国内危机影响，2014年两国贸易同比下降24%，贸易总额达80.83亿美元，其中中国向乌克兰出口78.4亿美元，从乌克兰进口26.74亿美元，中方顺差较大。此外，两国的经济合作领域也较为广泛，农业合作和能源合作是重点。农业领域，双方积极开展农用物资出口合作和粮食贸易加工合作，共同建设开发农业灌溉设施、饲料加工、粮库建设等合作项目。能源合作方面，乌克兰能源蕴藏丰富，但有效开发不足。中国企业帮助乌克兰融资，帮助乌克兰开发新能源，改造落后设施，实施气改煤项目，为乌克兰能源工业的发展做出了巨大贡献。

中乌两国经贸合作发展有以下几个特点：资金投入方面，中国企业大量资金进入乌克兰以创办企业，2010年初，中国对乌克兰经济合作的投资总额达到1 140万美元，乌克兰吸引中国投资的主要领域为工业和农牧业，第三产业也有少量的投资。中资企业的投入多在工业区和矿产开采发达地区。比如：中国五矿集团与乌克兰钢铁厂的合作项目、国丰公司在乌克兰投资建立的注射器生产厂、上华集团投资建设的农场项目等。进出口贸易方面，乌克兰各个州的分布不平衡。顿涅茨克州和第聂伯罗彼得罗夫斯克州在向中国出口商品方面位居第一和第二位，大幅度领先于其他州；从中国进口商品最多的州为敖德萨州。

随着中国政府于2013年提出"一带一路"倡议，乌克兰也在中乌经贸关系发展上屡次尝试创新合作模式。

2015年6月18日至19日，我国多方组织和机构联合在义乌举办了丝绸之路沿线城市论坛。论坛讨论主题为"贸易畅通、共建繁荣"。乌克兰驻华大使馆一秘库克申克·威亚切斯拉夫出席并做演讲。库克申克·威亚切斯拉夫在论坛讨论阶段表示，乌克兰政府是首先支持中国建设丝绸之路经济带的国家，乌克兰准备大范围加强与中国在丝绸之路经济带建设方面的合作，包括经贸、投资、人文、旅游、文化、科学、教育以及医疗。对乌克兰来说，这是一个发展现代国家物流基础设施的机会，可以吸引中国的投资。因为乌克兰的地理位置在欧洲和亚洲之间构筑了独一无二的商务、交通和物流桥梁，所以乌克兰和中国在现代交通走廊方面有很大的发展前景。在具体的战略实施上，库克申克·威亚切斯拉夫说，乌克兰的经济部门正在继续研究确定合作的范围和完成相应计划，乌克兰经济贸易发展部已经和中国商务部签订了合作意向书，准备加强合作，共同打造丝绸之路经济带。为此，在乌克兰政府和中国政府合作委员会的共同努力下，成立了一个新的经济贸易合作分委会。这个合作意向书成为乌克兰参与实现丝绸之路经济带的指示文件，并确立了乌克兰的参与规模，促进了乌克兰和中国之间的经贸投资合作。为实现上述合作意向书的内容，包括建立陆上交通走廊计划，2015年由乌克兰政府和中国政府合作委员会以及其下属的经济贸易合作分委会召开了一系列的会议。他还提及，乌克兰在丝绸之路经济带建设方面已经参与了一些项目，未来还有一些即将建设的项目。在这个背景下，乌克兰期待与中国进一步密切合作，包括在丝绸之路经济带框架下的丝绸之路基金、欧亚基金和亚洲基础设施银行等方面的合作。

第十一章 中乌经贸合作现状

第一节 中乌经贸合作现状

2009年后,中乌贸易进入了平稳提升的发展阶段。回顾过去中乌经贸合作的发展过程可以看到,中乌外交关系的发展与其密不可分。中乌建交20多年以来,中乌间的关系经历了两次比较明显的提升,分别为2001年和2011年。2001年,中乌两国在建交10周年前夕宣布两国将致力于建立长期稳定、高度信任、相互协作的全面友好合作关系,并且致力于为两国关系的长期发展奠定坚实的基础。2011年,适逢两国建交20周年之际,两国元首宣布中乌建立和发展战略伙伴关系,这标志着两国关系实现了历史性飞跃。在此之后,两国成立了政府间合作委员会,切实为两国经贸、航天、农业、科技、文化、教育、卫生等各领域合作起到了积极促进作用。中乌关系已经进入定位清晰、互信牢固、机制完善、全面发展的崭新阶段。

近些年来,随着中国经济的飞速发展,中国也逐渐成为乌克兰外贸的重要伙伴之一。中国的机电类产品成为双方贸易的主导产品,轻工业产品的比重呈逐年下降的趋势。中国对乌克兰的出口信贷政策的调整为中国产品能够逐渐进入乌克兰市场提供了极大便利,尤其是中国出口商品的买方信贷业务为乌克兰国内企业开展与中国企业的经贸合作开通了直通车。2009年虽然受到国际金融危机的波及,但两国的贸易额仍达到41.68亿美元。乌克兰成为中国在独联体国家中的第三大贸易伙伴,乌克兰对中国的出口额增速也首次突破了260%。

第十一章　中乌经贸合作现状

2010年9月,在亚努科维奇总统访华期间中乌两国签署了包括《2010—2012年中乌关系主要发展方向》在内的一系列文件。中乌之间的双边关系开始进入了跨越式发展阶段。双方越来越紧密的政治互信,为经贸关系的发展提供了强大的推力。2010年,中乌双边贸易额达到60亿美元,中国成为乌克兰的第九大出口市场和第二大进口来源国。2010年,乌克兰对中国出口总额虽然出现小幅回落,但主要出口产品如动植物油脂、矿产品、化工领域产品仍保持增长,部分产品的增长幅度甚至超过百倍。

根据2010年中乌两国政府间签订的各项协议规定,双方在经贸领域的合作将从一般商品贸易逐渐向产品生产、基础设施建设和投资领域发展。在生产领域我国的部分企业已经实现在乌克兰建厂直接生产产品后在当地销售,例如汽车企业"长城""奇瑞""一汽"等,通信电子产品供应商"华为""中兴"也积极开展投资合作。由于中国产品物美价廉,在乌克兰市场上受到消费者的普遍欢迎。

2010年后在金融危机的影响下,乌克兰对外贸易出现明显下滑,但在中乌经贸合作领域,却出现了不降反增的局面。这得益于中乌间经贸结构的互补性强,使金融危机对双方的经贸合作的消极影响降到最低。中国仍然是乌克兰最重要的贸易伙伴之一。国别数据网的数据显示,中国在2010至2013年间向乌克兰出口的产品主要集中在制成品和劳动密集型产品上,其中机电类产品所占比例仍旧保持最大,在纺织品原料、陶瓷、玻璃、家具、玩具、鞋类等门类的产品进口中,中国在乌克兰进口国清单里位列第一名。

根据乌克兰海关统计,2016年1月—6月乌克兰同中国的货物贸易总额为31.08亿美元,占乌克兰货物贸易总额的9.17%,中国成为乌克兰第二大货物贸易伙伴国(俄罗斯36.49亿美元,占比10.77%)。同期,乌克兰对中国出口10.87亿美元,同比下降25.38%,占乌克兰出口总额的6.54%,中国成为乌克兰第三大出口目的国,位列俄罗斯(15.29亿美元,占比9.2%)和埃及(11.36亿美元,占比6.83%)之后。乌克兰自中国进口20.21亿美元,同比增长13.83%,占乌克兰进口总额的11.71%,中国成为乌克兰第二大进口来源地,位列俄罗斯(21.20亿美元,占比12.28%)之后。数据表明,乌克兰前十大出口目的国分别为俄罗斯、埃及、中国、土耳其、波兰、意大利、印度、德国、西班牙、匈牙利；前十大进口来源国为俄罗斯、中国、德国、白俄罗斯、波兰、美国、法国、意大利、土耳其、匈牙利。中国对乌克兰的贸易实现了稳步增长，并保持着上升的发展态势。

第二节　中乌经贸合作现阶段特点

中国与乌克兰建交以来，两国关系持续健康稳定发展，政治互信不断加强，务实合作日益深化。现阶段中乌合作主要呈现以下几个特点：

（一）合作机制日臻成熟，扎实推进务实合作

2010年9月，两国领导人商定成立副总理级双边合作委员会，下设经贸、科技、文化、航天、农业、教育、卫生七个分委会。中乌政府间合作委员会已成为统筹、协调两国各领域合作的主渠道，在两国政府间合作委员会的协调推动下，两国各领域务实合作成果丰硕。2011年两国副总理在乌克兰的会见中再次推进中乌两国合作的政府级别对话，并且主持了中乌合作委员会第一次会议，正式启动委员会工作。会后，双方领导人共同签署了《中乌合作委员会第一次会议纪要》，并出席了中乌企业家理事会成立大会和第一次理事会开幕式。

同时，在机制的框架下成立的具体领域的合作平台为两国扎实推进务实合作提供了便利和保障。中国商会在过去的中乌经贸合作发展过程中起到的重要作用则是最好的例证。2014年，乌克兰局势剧烈振荡给乌克兰的经济发展和对外贸易发展带来致命打击。在这段对乌克兰经济产生最大挑战的时期，众多欧美大企业因风险陡增而纷纷从乌克兰撤资。然而与之形成鲜明对比的是，出于对商机的敏锐洞察和双方政府间的积极互信及其提供的坚实合作基础，中国企业和中国商会并没有选择离开乌克兰，而是在严峻的国际和国内经济发展环境中寻找机会。2014年至2015年上半年，乌克兰经济剧烈下滑并全面触底，在此背景下，乌克兰中国商会于2015年成立。经过一年发展，商会拥有企业会员30个，参与和举办各类活动约70场，与15个部门签署合作协议。中国商会致力于维护中国投资者在乌克兰政府立法、执法和

企业运营过程中的权益，在中国企业与乌各政府部门间架起了一座沟通协调的桥梁，多次为中国企业提供无偿法律援助，助力中乌经贸合作健康发展。

（二）双边贸易地位继续巩固，结构不断优化

据乌克兰海关统计，2014年中乌贸易额达到80.83亿美元，同比下降24%，其中中方进口26.74亿美元，同比下降2%；出口78.4亿美元，同比增长7.1%。2014年1月—2月，双边贸易额为17.0亿美元，同比下降8.3%，其中中方进口6.3亿美元，同比增长75%；中方出口54.09亿美元，同比下降31%；中方顺差27.35亿美元，减少47%。贸易渐趋平衡，结构不断优化是这一阶段的主要特点。中国仍是乌克兰第二大贸易伙伴，仅次于俄罗斯。

（三）积极拓展能源与新能源领域合作空间

乌克兰煤炭资源丰富，已探明的储量为420亿吨。中乌两国的经贸从最初的商品贸易逐渐向能源领域发展是由双方的经济互补性所决定的。近年来，双方有关公司正在积极探讨气改煤规划内的具体合作项目。例如，由中方融资进行的梅利尼科娃煤矿改造项目已于2013年9月完成验收，改造后煤矿产量较之前翻番。此外，中方公司还在与乌方积极探讨建设卡尼夫抽水蓄能电站、开发基洛沃格勒州露天煤矿和改造基辅电力电厂水煤浆等项目。在新能源领域，中建材集团已为乌克兰建设光伏电站提供了数亿美元的光伏组件和设备，为乌克兰发展新能源建设做出了重要贡献。

（四）两国农业合作前景广阔

乌克兰位于世界三大黑土带之一，占全世界"黑土带"总面积的40%，发展农业具有得天独厚的优势。历史上乌克兰素有"欧洲粮仓"之称，目前也是世界第三大粮食出口国。据乌克兰农业部预测，2013—2014年度，乌克兰粮食总产量超过6 000万吨，出口约3 000万吨。中乌农业合作互补性强，前景广阔。在两国政府的积极推动下，2012年12月，中国进出口银行与乌方签署了提供总额30亿美元的农业贷款协议，中国机械工业成套工程公司与乌粮集团正在积极开展此笔贷款项目下的粮食贸易和农用物资出口合作。此外，中乌双方公司

还在积极探讨改造灌溉设施、建设粮库、粮食码头、饲料加工企业、养鸭厂等农业开发项目。

(五)双边贸易长足发展

据中国海关统计,中乌双边贸易从建交之初的2.3亿美元增加到2015年的71亿美元,增长了30多倍。据乌克兰官方统计数据,从2011年起,中国连续五年占据乌克兰第二大贸易伙伴国地位,尽管近年来受乌克兰本国和地区形势变化影响,乌克兰对外贸易出现下滑,但对华贸易仍始终保持增长,2016年前三季度,对华贸易占乌克兰外贸比重的近9%。

(六)双边投资也从无到有

截至2016年第三季度,中国企业对乌克兰直接投资虽仅为7 000多万美元,但是通过直接投资和通过第三国对乌克兰投资的项目享有广泛声誉。如中粮集团对乌克兰农业综合投资已使其成为乌克兰前五大农业贸易企业。中建材集团的光伏电站项目占乌克兰光伏发电量第一位,份额超过60%。Eco-Vtor化纤厂和运城彩印设备厂分别在相关领域占有超过50%的市场份额。与此同时,乌克兰对华投资存量为8 000多万美元。在四分之一个世纪里,中乌经贸合作长足发展,华为技术和中兴通信占据固网设备供货绝对份额,也保持移动运营设备供应领先;联想连续保持笔记本及平板电脑市场第一、手机第二的地位;TP-LINK路由器占据同类市场70%以上份额。中国农业资本在乌克兰已基本实现全产业链经营,包括种养殖、加工制造、仓储、包装、物流、贸易等各个环节。

(七)中乌合作与过去相比面临着空前的机遇

两国在召开第一次合作委员会议之后,2015年9月和2016年8月,中乌政府间合作委员会先后举行了经贸分委会第三、第四次会议。中国商务部与乌克兰经贸部共同签署了加强共建丝绸之路经济带合作议定书,梳理研究了落实共建丝绸之路经济带倡议行动计划,成立了投资工作组,在清理推进历史项目的同时,也因地制宜地开辟了多个新的合作方向,包括利用乌欧自贸区在乌投资建设出口加工项目,如飞虹涂装公司立足乌克兰国内市场需求和劳动力成本优势,以欧洲市场为目标,已在乌克兰西部动工建设工业涂料工厂;利用乌克兰的地缘优势开发物流合作,如中远海运已与乌克兰铁路总公司开始商谈海铁联运合作模式,以吸引外部高货值货源在乌克兰中转;利用乌克兰市场投资入门门槛低的便利,推动在乌克兰建立农业、加工业境外经贸园区;利用乌克兰大规模私有化进程,推动中国企业进入乌克兰的关键领域,如渤海交易所收购乌克兰银行及其他金融机构;利用乌克兰产业恢复的机遇,推动两国产能合作,如中车集团参与乌克兰铁路机车采购和维修项目。

总的来看,中乌经过多年的探索与实践,两国经贸合作逐渐从小到大、从少到多,从单一到全面,经贸结构向合理方向发展。尽管目前乌克兰刚遭遇社会动荡、经济滑坡,但凭借丰富的资源、肥沃的土地等良好的资源和物质基础,乌克兰想在短期内走出低谷、实现复兴的可能性也不可忽视。随着乌克兰局势的稳定和经济的恢复,乌克兰的产能升级将带动巨大需求,如铁路交通等基础设施更新改造、制造业升级换代、煤炭工业产能恢复等为双边务实合作提供更多机遇。但风险总是与机遇伴生,不可忽视的是,乌克兰的经济恢复期仍将十分漫长,金融风险高发,改革尚未完成,腐败尚难根除,市场尚不完善,中国企业应充分做好市场调研。中乌经贸合作若想实现稳定快速发展,为促进两国繁荣发展和提高人民生活水平做出新的贡献,仍有较长的一段路要走。

第十二章 现阶段中乌经贸合作的问题与对策

第一节 中乌贸易合作的互补性分析

从中乌两国经贸发展过程来看，在过去的20多年里中乌双边贸易不论从合作规模还是合作领域都得到了长足发展。这得益于中乌两国在历史上和政治上的观点不存在实质性分歧与争议，并且两国均致力于在国际舞台上得到彼此的相互支持。中乌间逐渐加深的政治互信为两国在经贸领域的合作提供切实的政治保障。可以预见的是，中乌两国将在未来一段时间内继续保持健康的发展势头。除了政治因素对两国经贸合作产生积极影响，两国在经济领域合作的互补性也是中乌贸易能够保持平稳增长的重要因素。中乌两国在经贸合作领域所体现出来的经济互补性主要有以下几个方面。

一、中乌能源领域合作互补性强

乌克兰是一个自然资源丰富的国家，地下矿藏储量约占全世界的5%。从中乌两国间的贸易数据不难看出，中国作为能源消费大国，近些年来一直是乌克兰矿产资源的最大客户之一。乌克兰能源系统由很多不同的资源组成：核电、火电、热电联产、水电和抽水蓄能、太阳能发电和生物质能。乌克兰国内生产的天然气占其总使用量的35%，剩余的之前都从俄罗斯进口。由于客观原因，目前乌克兰需要花费上百万美元去进口煤炭。此外乌克兰石油天然气公司也在基础设施建设上投入大量资金，以保证可以从欧洲进口资源。

第十二章 现阶段中乌经贸合作的问题与对策

近些年来,双方在能源领域的合作也保持着良好的发展势头,并在规模和合作领域方面都得到了拓展。例如,乌克兰最大的煤炭和能源生产商顿巴斯矿山机械生产集团首席运营官尤里·雷仁科夫于2012年9月11日在天津表示,顿巴斯集团将加强与中国企业在矿山机械设备领域的合作,并将加大在华采购力度。雷仁科夫认为,中国的矿山设备质量在乌克兰市场上有极大的竞争实力。2011年,顿巴斯集团曾与中国的三一重型装备有限公司签署了采购30台挖掘机和2套综合设备的合同,该项目自签署后进展十分顺利。顿巴斯集团是乌克兰最大的私营能源生产商,主要从事煤炭等矿产的开采、加工和销售,在乌克兰经营16个煤矿和5个选煤厂。该集团看好中国未来经济增长潜力,并派出代表团前往中国考察,以便进一步加强与中国相关企业的合作。

2016年10月,中核集团副总经理和乌克兰能源与煤炭工业部第一副部长卡尔普·加林娜在乌克兰基辅举行会见,就双方在核工业领域合作进行交流,并签署合作谅解备忘录。会见期间,驻乌使馆科技参赞处、中核集团国际合作开发部、中国核能电力股份有限公司、中国核燃料有限公司、中国原子能有限公司以及乌克兰能源与煤炭工业部相关司局和企业负责人参加了中核集团与乌克兰能源与煤炭工业部的会见和谅解备忘录签署仪式。从这次合作可以看到,中乌能源行业的合作在政府相关部门和国有企业的参与下逐渐向能源开发和综合利用方向发展。

二、中乌轻重工业产品互补性强

乌克兰是重工业发达国家,历史上是苏联的主要工业基地之一。乌克兰工业中最显赫的是军工企业。乌克兰独立初期从苏联继承的军工业"遗产"已经不能用强大来形容,而是"极其强大"。军事工业企业多达3 594家,职工300万人,其中直接从事武器生产的企业就有700家,职工140多万,生产门类涵盖火箭、大型运输机、军用舰艇、装甲车辆等陆海空各种装备,而且其大部分产品性能还居于世界前列甚至是顶尖水平。以南方机械制造厂为代表的乌克兰航天工业,从20世纪50年代起就发挥了极其重要的作用,直接参与领导了苏联第一枚制导导弹、第一枚运载火箭和第一个航天器的研制工作,并在后来为苏联设计制造了半数以上的洲际弹道导弹以及数种型号的运载火箭。苏联解体后，乌克兰继承了其三分之一的航天工业，从业人数一度高达20万人。位于第聂伯罗彼得罗夫斯克市的南方机械制造厂是乌航天工业最大的生产企业。该企业研制生产的SS-18重型洲际弹道导弹，是世界上威力最大的导弹，可携带10个55万吨分导式核弹头以及40多个诱饵，在世界上都可以说是首屈一指，它于冷战时期问世，北约就将其称作"撒旦"(恶魔)。直到现在，乌克兰仍以其高性能的"天顶""第聂伯""旋风"三个系列运载火箭跻身航天大国行列。

乌克兰的航空工业具有世界领先水平。它拥有飞机机体、飞机发动机、机载设备、飞机修理等40多家企业，其中有不少企业，如安东诺夫航空科研生产联合体、哈尔科夫航空公司、基辅航空厂等，都是生产技术和设备先进、从业人员专业技术水平高的世界知名企业。乌克兰已成为除了美国以外第二个独立掌握超大型航空器制造技术的国家。安东诺夫公司的安-124以及安-225这两种超大型运输机的出现，表明乌克兰在超大型飞机设计、大型航空构件加工、先进航空材料制造等方面具有独步世界的能力。现在乌克兰凭借超大型运输机的优势，在特种大型物品的航空运输上有着不可替代的优势。

乌克兰的舰艇制造工业曾经是苏联军工中最重要的组成部分，30%的造船厂集中在乌克兰15个城市中，担负了苏联时期25%的军舰生产任务，几乎所有的大型水面舰艇都由乌克兰的船厂完成。其中位于黑海尼古拉耶夫港的黑海造船厂，是苏联时期唯一能建造航母的造船厂，"库兹涅佐夫号""瓦良格号"以及"乌里扬诺夫斯克号"航母均在此建造。

乌克兰曾是苏联时期主要的坦克装甲车辆研制与生产基地之一。至1991年，其坦克装甲车辆的生产能力占整个苏联的30%，乌克兰装甲战车工业已经成为苏联机器制造业最为重要的领域之一。

乌克兰真正强大的是以巴顿焊接研究所为代表的先进制造技术和工艺。这座成立近80年的研究所已经成为世界上最大的焊接专业研究机构，而且巴顿焊接研究所很大程度上直接就是为航空航天来服务的。例如该所的厚板电子束焊接技术，就被空客（空中客车公司）采用来焊接A-380的翼板，焊接厚度可达15厘米；其先进的铝合金对接焊工艺直接应用于导弹或者火箭壳体的焊接，局部真空电子束焊接则应用于火箭燃料贮箱焊接。早在1964年,巴顿焊接研究所就开始了太空焊接以及喷涂技术的探索。1984年,苏联宇航员在"礼炮号"飞船外,用巴顿研究所的设备实现了太空电子束焊接。即便是美国,也要引进巴顿研究所的太空焊接设备应用于国际空间站。

拥有如此强大重工业的乌克兰也有软肋,那就是轻工业生产非常薄弱的问题。乌克兰的纺织品和家用电器产品一半以上需要依赖进口。中国的轻纺产品、食品、日用消费品、家用电器等对乌克兰市场有很强的吸引力。因此两国在轻重工业产品贸易上具有坚实的合作基础和广阔的合作空间。

三、农业合作互补性强

长期以来,乌克兰一直被誉为"欧洲粮仓",这是由于乌克兰三分之二的土地都是黑钙土,这是一种油黑、松软的特殊土壤,蕴含了大量的钙、氮、磷、硫、铁等矿物质,最适宜种植农作物。由于土壤肥沃,乌克兰人曾创造过年人均生产1吨粮食的纪录。第一次世界大战和第二次世界大战期间,德国人曾经用整列车皮将这里的黑土运往德国。另外,乌克兰的农业科技基础雄厚,农业机械化和电气化程度很高,是苏联加盟共和国和东欧各国中农业生产条件最好的地区之一。目前,中国和乌克兰农业合作频繁。2011年4月,中乌双方签署了关于建设中乌农业合作园区的谅解备忘录;2012年5月25日,中乌合作委员会农业合作分委会第二次会议在乌克兰基辅举行,中国进出口银行、中国成套工程有限公司与乌克兰财政部、乌克兰国家食品粮食集团共同签署协议金额达30亿美元的中乌农业领域合作框架协议。乌克兰农业与粮食部部长尼古拉·普里夏日纽克接受记者采访时曾说,中乌农产品贸易有从现在每年3.15亿美元提升至10亿美元的潜力。乌克兰有优质的土地资源,气候也很好,但农业缺乏技术和资金,农业基础设施相对落后,中乌两国之间进行农业互补合作,不仅可以提高乌克兰的农业单产水平,使当地粮食产量实现飞跃,同时也给中国的农业带来实在好处。

第二节　中乌经贸合作现阶段存在的问题

综观中乌现阶段经贸合作发展状况，可以看到，中乌贸易在稳定发展的同时仍然存在问题。

一、乌克兰自身的经济问题成为中乌经贸发展的隐患

乌克兰同俄罗斯以及西方国家的外交关系也成为影响其经济发展的不稳定因素。乌克兰自苏联解体之后，虽然保留了苏联时期的强势产业即重工业的大部分生产能力，但经济结构不合理，经济和政治转轨进程始终危机重重，加上本国在亲俄与亲西方之间的摇摆不定使经济发展的国际环境也面临动荡的局面。继2004年"橙色革命"之后，乌克兰于2013年再度陷入政局动荡的状态。乌克兰自身的问题可以归纳为以下几个方面：

（一）政局混乱，党派恶斗丛生

目前，乌克兰政治生活中有130个党派注册在案，在苏联解体之后，乌克兰渴望全面并且迅速地拥抱西式民主，然而无数历史事实经验证明，照搬照抄别国的民主形式而不顾自身民主的发展水平和特点注定要失败。2004年至2014年间，乌克兰主要党派的代表尤先科、季莫申科和亚努科维奇在党派斗争中交替胜负，政治制度也从议会总统制到总统议会制不停交替更换，令人眼花缭乱。频繁更替的执政政府并没有把各项政策和改革延续下去，而是朝令夕改，这不仅使政局发展扑朔迷离，也使经济改革的各项措施无法得到真正的落实。

（二）由于自身定位和选择的东西分化导致社会主流意识形态分歧较大

乌克兰自解体之后由于地处俄罗斯和欧洲国际社会的过渡地带，一直是政治党派分歧和斗争的焦点。从历史的角度来看，乌克兰与俄罗斯是根出同源，同是斯拉夫人的后代，并且俄罗斯的历史也从基辅罗斯起源。可以说，两国在历史上的角度上有着更容易亲近的根源。但随着历史发展，由于各方势力甚至国外势力的插手，乌克兰内部在

对待西方和俄罗斯的问题上产生越来越严重的分化。民族间和政党间的斗争纠结在一起，使国内政治社会中的不同意识形态越来越难以达成共识。由于分歧严重，加之有外部势力渗透和影响，乌克兰的政局容易在特定环境下发生游行示威甚至武装冲突，严重影响正常的社会生活秩序和经济平稳发展。最近几年来，从乌克兰爆发政治危机，陷入进退两难的境地开始，执政者始终没有找到更合适的方法解决乌克兰内部东西两个方向的意识形态分歧问题。政治上的分歧导致地区范围内激烈的武装冲突，加之部分地区有亲俄的历史和传统，使乌克兰的内部政治问题与外交领域的选择与决策错综复杂，时局走向扑朔迷离。

（三）外交政策选择上的东西摇摆加剧政局动荡

不仅在本国内政上，乌克兰的政治理念产生东西分歧，在国际社会上，乌克兰的外交政策也是在向东还是向西的问题上摇摆不定。对西方的民主一直抱有美好幻想的乌克兰执政阶层在乌克兰脱离苏联之后迅速开始乌克兰民主的转型之路，寄希望于通过西方的民主内容和形式重新规范乌克兰的政治生活，希望能够通过西方的现成模式使乌克兰也能够跻身西方富强大国俱乐部的成员之一。然而，西方的民主形式并没有给乌克兰带来实质性的改变，乌克兰虽然成为欧洲俱乐部的新成员，却并没有搭上其他大国的便车，还要面临因为亲近西方欧洲社会引起的俄罗斯的强烈不满和抵制。然而鉴于俄罗斯与西方国家关系的持续紧张，乌克兰也无法奉行亲近俄罗斯的外交政策，并且这在乌克兰国内也是无法达成的共识。但乌克兰的经济发展又无法离开俄罗斯成本相对低廉的自然资源，例如天然气的供给，综合因素导致乌克兰的外交策略始终在东西两方摇摆。这不仅不利于乌克兰良好发展外部环境的构建，同时也给自身经济发展增加了消极影响因素。

（四）自身政治腐败，体制不健全不完善

同俄罗斯一样，经历了苏联解体后的乌克兰也经历了政治和经济转轨。从苏联时期的政治经济高度集中和计划体制中挣脱出来的乌克兰同其他苏联成员一样在摸索自己的转轨模式和内容。但苏联时期的缺乏民主、官僚主义盛行的政治传统给乌克兰留下了伤痕累累的政治环境。乌克兰国内的众多党派各持政治见解，代表不同的利益集团，在争夺执政权力的同时尽力争取自身的利益和好处,而没有考虑国家的发展道路和进程,并且没有从国家的长远利益和根本发展出发制定转轨方针和路线。乌克兰同俄罗斯一样,在转轨的过程中经历了国有资产私有化的过程,意在加速向资本主义的转变,然而国家推行的私有化政策给了一些商人和利益集团政策空子,使得大批国有资产变成私人财富,从而滋生了寡头阶层,严重地影响了市场的正常秩序,损害了国家利益。再加上原有的腐败和官僚作风依然没有得到改善,乌克兰自身的政治问题为国内国际发展埋下隐患。

(五)油气资源严重短缺制约经济向前发展

乌克兰虽然矿产资源比较丰富,但油气资源却比较贫乏,这对乌克兰的经济发展来说显然是一块短板。乌克兰的石油自给率仅为10%,天然气自给率为40%,其中进口能源占能源消费量的40%。同时,乌克兰对能源的利用率很低,比处于同等发展水平的国家低83%。在苏联时期,乌克兰主要依靠俄罗斯供应大量廉价的石油和天然气。在苏联解体之后,乌克兰与俄罗斯各自独立,俄罗斯一方面减少了对乌克兰的油气供应量,另一方面大幅度提升了油气价格,即便在2010年乌俄双方达成了供应天然气的优惠折扣价格协议,乌克兰的能源压力也并没有减轻多少。这令能源严重缺乏的乌克兰的冶金、机械、化工等重工业支柱产业发展受到严重阻碍。每年,乌克兰都要为高昂的能源消耗买单,再加之近些年来国际市场油价一路走高,乌克兰进口能源的成本不断上升,从而给工业发展和财政预算带来很大压力。俄罗斯是乌克兰能源的主要供应国,乌克兰与俄罗斯是否能够保持长期稳定的政治关系和睦邻友好关系,对乌克兰的能源供应和对乌克兰的经济发展具有重要影响。

(六)外国资本投资规模小,投资环境亟待改善

对于像乌克兰这样的转型国家,利用外资,尤其是利用外国的直接投资,是实现经济结构调整和促进经济与贸易发展的一个非常重要的因素。乌克兰要发展就要调整经济结构、保证经济增长和满足市场需求,这是因为对企业进行现代化改造需要资金投入;进行基础设施改造和建设需要资金投入;进口能源和消费品需要支付外汇。总之,需要投入、需要支出的地方很多,但对外贸易规模才1 000多亿美元

(2011年达到1 124亿美元),而且年年处于外贸逆差,外汇储备在300亿美元左右的乌克兰无疑是困难的。由于经济增长缓慢,国家的财政收入2011年只有378亿美元,而财政支出却为430多亿美元。由此可以看出,乌克兰财政入不敷出,国家资金捉襟见肘,这种情况非常需要利用外资,尤其是利用外国直接投资来发展本国经济。但乌克兰利用外国直接投资的步伐相当缓慢,1994年利用外国直接投资1.6亿美元;2001年为8亿美元;到2007年利用外国直接投资累计总额近100亿美元;到2010年累计总额为238多亿美元。乌克兰利用外国直接投资不但规模小,而且效果也不尽如人意,因为很多投资不是投放在对经济发展具有战略意义的领域,如现代化生产企业建立、基础设施建设和资源深加工等领域,而是投在商业、贸易和娱乐业等领域。在国际融资方面,乌克兰也未能如愿以偿。乌克兰在吸引外国投资方面没有取得较大进展,其主要原因有二:一是引资政策比较保守,二是投资环境差、投资风险高。而且乌克兰很多大型企业都属于军工系统,这些企业拥有一些尖端的设计和制造技术,一般不允许外资介入。

(七) 区域经济发展落后

如今,全球经济发展的主要趋势为经济全球化和经济一体化。从经贸关系角度看,欧盟、俄罗斯及独联体国家和亚洲地区是乌克兰最主要的进出口市场。2010年1月到11月,独联体国家占乌克兰出口总额的36.5%和进口总额的44%;欧洲分别占26.9%和32.9%;亚洲分别占26.6%和16.4%。在欧洲地区中,欧盟国家占欧洲地区对乌克兰贸易的98%以上;俄罗斯对乌克兰贸易占独联体国家对乌克兰贸易的90%以上。2010年,欧盟是乌克兰第一大贸易伙伴;乌克兰国家统计局2011年1月14日发布的数据显示,2011年俄罗斯将成为乌克兰第一大贸易伙伴,俄乌双边贸易占乌克兰贸易总额的33%,而欧盟与乌克兰的贸易占28.6%,成为第二大贸易伙伴。俄罗斯是乌克兰最重要的贸易伙伴之一,特别是在能源供给方面乌克兰离不开俄罗斯。但是乌克兰在与重要的经贸伙伴构建区域合作关系方面却始终不得力。乌克兰危机导致其与西面和东面两个重要贸易伙伴欧盟和俄罗斯的关系持续紧张的局面,使乌克兰失去了有效借助外部资源和市场,更好地发挥自身经济潜力和优势的机会。

二、中乌双边贸易以货物贸易为主,服务贸易和相互投资的比例过低

乌克兰由于国内投资资本有限,一直比较依赖国外投资资本的输入。虽然乌克兰政府清楚地意识到这一点,并且十分重视吸引外资,但由于种种因素制约,乌克兰的外国资本投入仍然不容乐观。这其中,也包括乌克兰的重要贸易伙伴中国。中国实际上是最早与乌克兰建立外交关系的国家,自两国建交后双方已经签署了若干经贸领域的协定,例如:《关于鼓励和相互保护投资协定》《关于避免双重征税的协定》《关于海运合作的协定》《关于科技合作协定》《知识产权合作协议》等。中国在乌克兰投资的企业经历了从无到有的发展过程。

目前,中国对乌克兰比较突出的投资集中在工业和农业领域,例如锰矿开采和粮食食品投资。除此之外,在服务贸易领域也有部分投资,但比重较低。

第三节 改善中乌贸易合作路径与对策

一、相互间加大投资,优化贸易结构

拓宽贸易产品种类,优化贸易商品结构。结合目前中乌两国贸易合作的商品来看,中乌两国的贸易商品种类主要是各自紧缺的产品。例如,中国主要进口乌克兰的矿产品和贱金属类产品,乌克兰从我国进口的主要是纺织品、家用电器等。若要扩大双方贸易规模,应在未来注重贸易商品种类的增加。我国应适时将国内知名企业和产品推介给乌克兰市场,通过优质的产品和服务提高本国的产品在乌克兰市场的口碑和信誉。通过优质产品打下的坚实贸易基础可以将两国经贸合作从商品贸易逐步扩展到其他领域,诸如劳务合租、科技合作、金融行业合作等方面。在扩大产品合作种类的同时,也应将现有的合作产品在规模和质量上继续加大力度,提升产品质量和用户体验度,打造优质的周边服务。对外投资就其动因而言,可以归纳为市场导向型、资源导向型和技术导向型,无论哪种类型都对双方的经贸合作发展产

生有力的促进作用。我国目前在乌克兰的部分企业已经开始投资建厂，例如山西运城制版集团在乌克兰投资建设的彩色印刷制版项目成为中国在乌克兰投资兴建的第一个工厂。除此之外，还有部分矿产行业的公司与乌方的公司合作开发矿藏项目。这些投资项目都是促进中乌双方投资贸易发展的有益尝试。

二、从乌克兰的角度，应尽快规范相关立法法规，改善投资环境，创建有效的企业交流平台

乌克兰对中国企业和中国的市场经济发展环境缺乏了解，这对双方的经贸合作有十分不利的影响。乌克兰在苏联解体之后开始在政治和经济领域进行转轨改革，乌克兰的市场经济环境也迎来一系列变革，由于改革的效果并不如预期，导致乌克兰的市场经济环境中立法不健全，管理混乱，"灰色地带"和违规违法操作等现象频发。这对乌克兰本国的经济发展十分不利，同时也为中乌两国的经贸合作发展留下阴影。我们应该认识到，想要增进两国对彼此经贸领域的了解需要政府间的共同努力，助力搭建双方企业的畅通和优质的沟通与交流平台，完善双边贸易往来的制度保障体系，使双方对彼此的市场环境、市场规范和产品与服务有更加生动和具体的了解，从而寻找潜在的扩大经贸领域合作的发展机遇。

三、加强中乌间的农业合作

乌克兰一直被誉为"欧洲粮仓"，其黑土面积之大、黑土矿物质含量之高位居世界前列。2008年乌克兰粮食产量为4 603万吨，粮食出口2 170万吨，位居全球第三，仅次于美国和加拿大。目前中乌双方的农业合作主要集中在粮食进出口贸易，属于简单货物贸易，未来中乌双方将在农产品种植、食品和农产品深加工等方面进行合作。目前，在乌克兰有我国的个体经营者从事粮食和蔬菜种植产业，合作规模较小或不成规模，一旦发生贸易纠纷，我国的从业人员很容易处于弱势。在今后的中乌农业合作领域，双方应注重政府在经济合作领域的参与度，建议由政府牵头大项目，带动企业进行具体操作，从而扩大两国农业合作领域的宽度和深度。中方应抓住机遇向乌方提供农业机械、资金、技术和劳动力，充分利用乌克兰的黑土资源，引导我国在

乌克兰的农业向规模化、现代化、市场化方向发展。

四、我国在涉及乌克兰、俄罗斯和西方国家的国际问题上应妥善处理，审慎表态，为经贸合作发展扫清外交和政治因素隐患

要始终坚定不移地执行互相尊重领土主权、互不侵犯内政等我国一向在国际关系中坚持的方针政策，既不干涉别国内政，同时也不能允许他国对我国的内政事务指手画脚。双方只有在坚持平等互信、互相尊重的前提下，才能把中乌两国的经贸合作纳入健康和长远的发展轨道上。同时，在面临复杂多变的国际形势的时候，应该冷静观察、沉着应对，始终坚持捍卫我国的主权和领土完整，始终坚持维护我国国家和人民的根本利益。在处理国际经济问题和纠纷时，应始终采取公平公正的态度，将我国在国际社会的政治经济合作的长远利益放在优先考虑的地位。

第十三章 中乌经贸合作发展前景

虽然中乌两国经贸合作取得一定成效，但由于乌克兰政局持续动荡，经济发展受到较多政治不利因素影响，中乌经贸和投资合作受到严重冲击。如前文所述，目前两国间经贸合作仍存在诸多问题，例如，两国之间的贸易额还很小、相互投资较少、大宗合作项目不多等。近几年来，随着乌克兰政局的稳定，乌克兰迫切希望发展本国经济，并在原有合作的规模和基础上扩大与中国的经贸合作。同时，对我国提出的"一带一路"的倡议，乌克兰也是积极响应，可以预见的是，在未来的日子里中乌两国在农业、能源、基础设施建设、金融、高技术等领域的合作有着广阔的发展前景。

一、乌克兰市场对我国投资的吸引力的主要体现

（一）拥有东欧最大的市场，消费潜力大

乌克兰的市场规模在东欧名列第一，总体消费能力和水平也居首位。这样的市场规模对我国企业的产品和服务向东欧市场发展有着十分重要的意义。当今全球经济发展不缺资源，资源在相当长的一段时间内还不会枯竭；不缺科技，科技从未像今日这样如此迅猛发展；不缺资本，资本是源源不断的；不缺人才，人才早已走向全球市场，显得空前活跃；最缺的其实是市场需求。美国金融危机，背后的根本是市场需求不足；欧洲债务危机，其实质也是市场需求疲软；全球经济低迷，说到底还是缺市场需求。没有市场需求，就没有发展空间。我国经济几十年的高速发展，主要得益于我们有一个强大的市场需求。

（二）劳动力素质较高，其中IT专业人才总数排名世界第五

众所周知，当今世界各国的高新技术产业和IT行业的发展成为经济发展中不可或缺的重要组成部分。高新技术产业的发展对经济发展的作用在于能够直接将成果转化为生产力，例如某些前沿科技的研发，无论是国家主导还是企业自主创新，发明的高新技术产品甚至可以扭转整个时代的发展。因此，高素质的劳动力，尤其是具备高精尖技术产品研发能力的科技人才无疑对我国在乌克兰的投资有极大的吸引力。

（三）战略地理位置优越，产品辐射独联体、欧盟、北非

乌克兰的地理位置处于独联体和欧洲连接处，投资乌克兰市场除了能够将我国的优质产品和服务介绍给乌克兰的民众，同时也有广阔的辐射发展前景。乌克兰市场西接欧洲，东连独联体国家，南面北非，独特的地理位置能辐射较大的市场空间，为国内的企业开辟新的市场提供便利条件，从而能够使投资者的利益回报最大化。

（四）四通八达的交通便利条件

乌克兰拥有通往欧洲的交通走廊及黑海周边优良的海港，便利的交通为经济发展和商品的流通提供了非常重要的运输条件。经济的发展与交通运输业的发展是相辅相成的。一般来说，在经济发展初期，生产方式主要以农业经济为主，经济发展区域性明显，规模相对较小，所以在以农业为第一生产力的时候，交通业的发展相对作用较小。随着经济的发展、经济结构的调整，生产方式从第一产业向第二产业即工业产业迈进，这个时期第一产业所占的比重越来越小，第二产业在经济中所占的比重越来越大，特别是随着工业化发展的进程，市场规模在不断扩大，工业的发展主要集中在能源、矿产、钢铁等一些大型工程项目方面，这些项目的发展急需交通的运输对接。工业的发展当然也包括轻工业的发展，轻工业凭借轻小的发展优势在各地迅速崛起，其对货物的运输需求也在逐渐加强，促进了国民经济的发展。在经济发展的不同时期，对交通运输业的发展要求也是完全不同的，交通运输的形式也经历了翻天覆地的变化。乌克兰发达的陆运和水运条件为经济发展的辐射作用提供重要的管道条件。

（五）土地资源丰富

乌克兰的黑土地适宜农业耕种，是欧洲重要的粮食产地。乌克兰平原对乌克兰的农业发展有十分重要的意义，为农业发展提供了得天独厚的优质条件。乌克兰的黑土带是全世界三大黑土地带之一，面积广大，土壤矿物质丰富，适宜耕种，在苏联时期就是重要的粮食生产基地。

（六）工业基础雄厚，拥有世界先进的装备制造业水平

除了得天独厚的天然资源，乌克兰还有可媲美发达国家的工业实力。乌克兰是苏联时期的主要工业基地之一，乌克兰工业中最强的是军工企业。军事工业企业多达3594家，职工300万人，其中直接从事武器生产的企业就有700家，职工140多万，生产门类涵盖火箭、大型运输机、军用舰艇、装甲车辆等陆海空各种装备，而且其大部分产品性能居于世界前列其至顶尖水平。乌克兰出色的装备制造业使乌克兰在苏联时期，一直是重工业生产的重要基地之一。苏联解体之后，乌克兰仍然保留和发展其重工业制造能力，虽然该产业在经济和政治转轨的过程中遇到了许多问题，但仍然是乌克兰经济发展的支柱产业。我国目前在装备制造业方面的发展仍然处于追赶阶段，两国在制造行业，特别是军用装备制造领域的合作存在着广泛的空间和潜力。目前我国对乌克兰的军用装备制造合作模式主要靠产品交易，在共同投资和研发创新领域仍然亟待提升。

（七）自然资源丰富，铁矿、煤炭等储量居世界前列

乌克兰矿产资源主要有沥青、无烟煤、铁、锰、铬、钛、铅、锌、铝、汞、镍等，其中沥青和无烟煤均占苏联时期总储藏量的60%。顿巴斯是苏联时期最大的煤田之一，已探明的储量为420亿吨；克里沃伊罗格是苏联时期的第二大铁矿，储量为260亿吨。森林资源较为丰富，森林覆盖率达14%，跨越森林沼泽带、森林草原带和草原带三个植被带。乌克兰有自然保护区和天然国家公园共23个（面积为77.19万公顷），其中自然保护区14个，地球生物层保护区3个，天然国家公园6个。主要树种有：松树、柞树、云杉、冷杉、椴树、槭树、白桦树等。乌克兰约有3万种低级和高级植物，植物资源

丰富。其中，藻类植物约4 000种；苔藓类植物1 000多种；导管植物4 523种。乌克兰的动物资源也极其丰富，包括邻海（黑海、亚速海）和领海水域在内，大约有44 800种动物。乌克兰丰富的自然资源为中乌间经贸发展提供了必需的物质条件和保障。

二、中乌经贸合作发展的积极因素

（一）我国对外贸易发展的现状和趋势要求中国继续扩大对外开放

近些年来，中国外贸不再简单地追求数字增长，而是更多关注提高附加值、转型升级及优进优出等提质增效的工作，从而继续推进外贸回稳向好，加快实现中国由贸易大国到贸易强国的转变。截止到2017年3月8日，海关总署发布的对外贸易数据显示，2017年前两个月，中国进出口总值3.89万亿元人民币，比2016年同期（下同）增长20.6%。其中，出口2.09万亿元，增长11%；进口1.8万亿元，增长34.2%。

2017年年初以来，中国外贸得到有力支撑，多项主要指标均保持10%以上的增速。海关数据显示，前两个月，一般贸易进出口增长20.5%，加工贸易进出口增长15.5%；中国对欧盟、美国、东盟及日本四大贸易伙伴进出口分别增长15%、18.9%、24.2%和20.1%；民营企业、外商投资企业和国有企业进出口增速均超17%；机电产品出口增长13.8%。海关总署署长于广洲曾表示，2017年以来，中国外贸开局良好，并呈现出"四个上升"趋势：一是进出口数量上升，国内需求明显增长；二是高新技术产品出口上升；三是对"一带一路"沿线国家进出口上升；四是市场预期上升，企业信心也在增强。

总体来看，中国外贸正在回稳向好，但这种向好趋势的延续性如何还需审慎观察。就当前全球形势来看，中国的外贸形势依然严峻复杂，如贸易保护主义的抬头、一些西方国家政府政策的不确定性。面对不确定的外部环境，中国应做好自己，稳固外贸回稳向好的走势。当前，全球市场供求关系不断变化，而中国已是全球贸易大国和出口大国，在这样的情况下，中国外贸不应再简单地追求数字增长，而是要更多关注外贸附加值、品牌建设及结构优化，从而加快实现中国由外贸大国到外贸强国的转变。要想实现从外贸大国到外贸强国的转变，除了扩大对外贸易优势，不断拓宽外贸合作领域，更应该在现有重要外贸伙伴的身上继续深挖外贸合作潜力。乌克兰一直是我国对外贸易的重要伙伴，继续强化中乌间的经贸合作是我国外贸发展的必然要求。

(二)"一带一路"倡议将为中乌两国经贸合作提供新机遇

乌克兰不仅仅是沟通东西方的桥梁，也是一个在工业生产、科学技术领域发展都具有相当深远潜力的国家，乌克兰正积极地参与"一带一路"倡议。同时，也将继续推进已经与中方达成并签订的协议，寻找高科技领域和推进基础设施建设合作发展的可能性。

乌克兰新政府对我国建设丝绸之路经济带倡议给予高度重视和支持，并表示愿意参与其中。乌克兰驻华大使认为，参与丝绸之路经济带建设对乌克兰而言是一个很好的机会，中乌可以更广泛地开展合作。中乌双方通过政策沟通，进一步加强政治互信，为两国经贸合作深入开展创造条件。乌克兰近年来受政局动荡、乌东部战乱影响，经济严重下滑，资金严重匮乏。中国有充足的资金和先进的基建工程技术，中乌双方可开展深入的合作。乌克兰地处欧亚交通运输系统的中心，境内陆路、海上交通运输发达，为中乌两国开展过境运输合作奠定了坚实的基础，乌克兰有可能成为中欧贸易和物流的重要枢纽，这将为中乌经贸合作提供前所未有的新机遇。

中乌工业领域合作充满商机，合作项目将逐步增多。随着乌克兰政局稳定，经济筑底回升，中乌两国在以下工业领域的合作前景广阔：

(1) 在能源领域进行合作。乌克兰石油、天然气缺乏，但煤炭资源丰富，中国有先进的技术可帮助乌克兰建立天然气生产厂，落实这一项目每年可节约40亿立方米天然气，创造2 000余个就业机会；在核电技术改造方面，中国有成熟的经验对乌克兰现有核电站进行技术改造；在水电建设项目上双方也有广阔的合作空间。

(2) 在交通基础设施领域进行合作。中国在高铁建设、公路建设、港口改造等方面有先进的经验，今后可为乌克兰的铁路改造和提速、公路改造、港口改造等提供技术和资金支持。

(3) 在城市公共基础设施领域进行合作。近年来，乌克兰受政局动荡、经济危机影响，城市公共基础设施无资金更新改造，中乌在此领域合作，可提升乌克兰的公交车辆更新及电动公交车推广等。

（4）在信息技术领域进行合作。中乌两国在信息领域都有新技术，可以在探索智能化城市建设等多方面进行合作。

中乌农业领域合作前景广阔，并且还将成为两国合作重点。乌克兰地处东欧平原南部，地势平坦，有3 000多万亩肥沃的土地，这里的气候十分适合农作物生长，是世界上最大的农业生产国之一。近年来，乌克兰粮食产量逐年增加，对外出口不断增多。乌克兰驻华大使焦明认为，中乌农业合作互补性很强，双方合作前景广阔。随着两国在农业领域的深入合作，中国将为乌克兰的大豆、玉米、小麦、葵花籽油等农产品进入中国市场提供便利条件。中乌未来在丝绸之路经济带框架下的合作水平将进一步提高，乌克兰除谷物类农产品外，肉类和奶制品等也将陆续进入中国市场。

乌克兰全力支持我国提出的"一带一路"的倡议，乌克兰也是欧洲国家中最先表示支持的国家之一。中国与克罗地亚签署了关于"一带一路"的相关协议后，乌克兰也正在编写中乌这方面类似的文件。乌克兰政府认为，作为"一带一路"倡议的重要组成部分的亚投行项目不仅是亚洲参与的项目，欧洲国家也应该积极参与，因此乌克兰政府也在积极考虑、研究参与该项目。

（三）能源合作领域巨大潜能亟待开发

关于中乌的能源合作前景，我国驻乌克兰大使曾在接受采访时说："我认为中乌双方相互尊重并且相互理解对方。因此我想列出一些双方可以合作的领域：据Naftogaz公司报道，乌克兰潜在的天然气开采市场被低估了，在未来的10~15年，乌克兰天然气的产值将会翻倍。乌克兰正通过使用煤炭来降低对天然气的消费，同时乌克兰正大力投资、优化和扩大天然气管道的基础设施建设以及国内的碳氢化合物的生产和有效处理。然而由于开采的钻机大部分都是20世纪的，并且已经使用了70~80年，在广泛使用新技术的现代早已不适用了，因此这些设备几乎需要全部重建。并且预估产量会增加，钻机的投入运行也会加快。因此存在巨大的合作空间。除此之外，乌克兰最大的天然气处理厂正在进行全面的升级改造。目前该工厂生产的汽油和柴油质量为Euro-2标准。在未来通过现代化的改造和提升，油品将提升为

Euro-4 和 Euro-5。此外在核能领域中乌双方也存在着巨大的潜在的合作可能。双方的科学家和专家们可以相互学习交流，创造出更多有价值和远景的成果。

当然，在发展的同时也不能忘记最有意义的绿色能源，两国在该领域的合作机会将是无穷无尽的。乌克兰寻求能源独立由来已久，早在尤先科担任总统初期，就曾下达了四年内实现乌克兰能源独立的明确任务。然而，到目前为止，乌克兰仍未实现这一目标。在一系列新的历史条件下，乌克兰明显加快了迈向能源独立的步伐。可以确定的是，能源独立将成为该国未来的长期战略构想，乌克兰寻求本国能源独立的步伐不会停止。而乌克兰能源独立之路究竟如何，则取决于其能源战略的落实情况。整体来看，其能源战略的实施目前尚处于起步阶段，"以煤代气"和页岩气的开发是其中的关键措施，也是乌克兰最终能否实现能源独立进而摆脱对俄罗斯严重依赖的关键。页岩气开发和"以煤代气"虽具潜力，但困难和挑战同时并存，不确定的因素还很多。

同时，与俄罗斯的天然气价格谈判也是其中不可忽视的变量。目前，俄罗斯的条件很明确：允许俄方获得乌克兰的天然气管道控制权或乌克兰加入关税同盟。对于前者，俄罗斯单方面获得乌克兰天然气管道控制权并不现实，正如乌克兰前总理季莫申科向亚努科维奇总统发出的信函称，"请不要考虑（向俄罗斯）出让管道系统。这是我们最后的战略资源"。比较现实的途径是乌、俄、欧三方成立财团共同管理。对于后者，乌克兰一直寻求以"3+1"的形式加入俄、白、哈关税同盟，对此，俄罗斯总理梅德韦杰夫已明确表示否定，而以观察员国身份加入成为双方所讨论的替代方案。不难预见，在寻求加入欧洲一体化背景下，乌克兰以成员国的身份加入关税同盟的可能性微乎其微。

（四）中乌两国经济合作将朝着健康的方向发展

前文中已经提到，中乌两国目前的经济合作属于贸易互补型，两国在国际市场上的进出口商品类别属于非对抗性。乌克兰一直以来大量对外出口的商品类别主要集中在矿石、矿渣、黑色金属、铁路和有轨机车、公路设施、动物及植物油等。而近年来，乌克兰国内此类产品的出口由原来的逐年急剧增加转变为逐渐下降。这其中的主要原因是伙伴国本土的生产力逐渐得到恢复并开始出现强劲增长。而从中国进口乌克兰产品的类别列表中可以看到，中国进口对乌克兰依赖度比较高的主要是矿石、矿渣、仪表仪器和矿制品等，而这些正是乌克兰在国际市场上有较强竞争力的产品。由此可见，中乌在国际市场上的进出口产品类别存在较高的互补契合度，进出口产品不存在大面积冲突和广泛而严峻的市场争夺。这也就自然地决定了中乌合作的坚实基础。

三、中乌经贸发展趋势特点

（一）继续加强两国之间的政治高层互信，保持政府间的友好往来。

2013年12月5日，在乌总统访华期间，双方签署《中华人民共和国和乌克兰友好合作条约》。此次友好合作条约的签署从两国的领导层面肯定了中乌间的友好合作的政治基础，今后的发展过程中，两国应当继续建造牢固的政治互信基础，巩固相互理解，协商共同的议事议案和决策，各管理层的各个层次保持经常性的接触，积极实施已经达成的共识，尤其是在重大的国际问题和彼此利益相关的重大事物上，积极保持沟通和密切合作，为双方在经贸领域的合作创造良好的政治氛围和外交保障。

（二）保持现有发展水平的基础上，开拓新的合作领域，并将现有的经贸合作向互相投资共同开发的阶段发展。

双方继续在农业、航天、能源、军工制造、粮食进出口、轻工业产品方面保持稳步合作，同时，加大相互投资力度，将双方贸易合作方式从简单的易货贸易向投资贸易转变。未来双方的经贸合作尤其是在高新技术领域、军工业和装备制造业领域，将从前的合作模式拓展到共同研发创新技术，合作建立工厂，联合培养相关领域高精尖技术人才等方面。除此之外，双方将在扩展火力发电站建设，发展环保和新能源开发利用，通信，汽车制造业等项目上促进双方合作结构最佳化，利用两国特点进行经济和产业的互补。

（三）面临国际社会上牵涉对方的国际问题时，在相互尊重主权的基础上，继续谋求健康的双边关系。

国际形势总是变化多端,特别是在经济国际化和全球化的趋势发展越来越迅猛的今天,国际争端和摩擦也会持续不断出现。为保障双边贸易能够在平稳的发展过程中继续保持增长速度,需要双方持续努力在国际事务中坚持互相尊重领土主权和领土完整,平等协商对话解决国际争端,为国际贸易的继续开展创建良好的双边和国际关系环境。乌克兰地处欧洲和俄罗斯的交接之处,在外交事务中乌克兰频繁被牵扯到欧美国家集团和俄罗斯的政治争斗之中。而近几年来,美国也逐渐加大了在地区事务和太平洋沿岸国家的影响力度,利用周边一些国家的政治诉求在我国周边形成政治和军事上的压力。我国在国际事务上一贯奉行独立自主的外交方针,倡导在相互尊重主权和领土完整的基础上开展平等外交对话和沟通,未来双方应该继续在国际舞台上倡导平等对话,和平解决地区间冲突,促进周边地区区域经济发展。在与其他国家的外交往来过程中,双方应积极参加多方会谈,在国际重大问题和双方利益相关的问题上加强沟通、保持一致,共同携手应对全球化的经济危机,共同努力摆脱气候变化对经济发展带来的负面影响,从而共同维护各自和两国间的利益。

(四)在保持高层的健康关系的同时,通过政府层面的组织规划加强彼此企业间的广泛和深入的了解,同时促进民间民意的互通,加强双方在人文领域的合作。

在未来的经贸合作发展过程中,双方应以政府号召、地方组织搭台、企业广泛参与的模式开展广泛的企业间交流,通过对彼此的产品和服务的更深入的了解,寻找双方更加多样和多元的合作契合点,并通过经贸合作促进彼此的民间交流和来往。经济交往促进民间了解,同时民间丰富而广泛的交流也能为经济发展带来活力和希望。

(五)在加强政治互信的基础上,双方政府和相关职能部门应当加快落实建立战略合作伙伴关系的共识,尽快出台相关具体措施和完善的合作机制,旨在加大力度创造优质条件吸引双方大项目的投资和长期资本的输入。

合作初期应制定相关政策法规推动外商投资企业税收减免政策的落实,实现由国家政府出面对外商投资进行贸易担保;允许外商和国外资本参与国企改制的私有化进程;简化中资在乌克兰境内注册企业和公司的手续流程;从国家层面进一步完善和升级对现有产业园区和保税区的管理，同时制订设立新的产业园区和保税区的计划；完善金融服务体系为经济合作保驾护航。

（六）在"一带一路"构想框架下，广泛开展各项合作。

"一带一路"倡议是由我国提出，由数十个国家积极响应并加入的惠及全世界众多人口的伟大发展构想。随着"一带一路"倡议的推进，沿线国家将在基础设施建设，文化交流与沟通，经济发展融合等多方面开展全方位的发展与合作。乌克兰是最早支持"一带一路"倡议的国家之一，2014年，两国签署有关乌克兰参与"一带一路"建设的双边议定书，明确了合作的主要方向。2016年初，乌克兰副总理祖布科曾在利伊乔夫斯克港出席了乌克兰至中国列车出发仪式。他对媒体表示，"今天的发车仪式是几年来乌克兰同相关伙伴国共同努力的结果"，"通过这条'新丝绸之路'，乌克兰可以把更多货物运到中国，加深同中国及这条货运线路沿途各国的经贸往来"。仪式上，乌克兰基础设施部部长皮沃瓦尔斯基表示，"开通这条线路对乌具有历史意义，乌将从此成为'新丝绸之路'建设的真正参与者"。乌克兰的重要地位显而易见。

参与"一带一路"的建设对于乌克兰来说，是发展现代国家物流基础设施的机会，同时还可以吸引中方大量投资。中乌在"一带一路"框架下，借助乌克兰有利的地理位置，在发展现代交通走廊方面有很大前景。该条交通走廊要道能够连接德国、奥地利、捷克、斯洛伐克、匈牙利、波兰、俄罗斯、哈萨克斯坦、蒙古、中国，可以极大地降低产品从生产国到消费国路上耗费的运输时间。建立这样的一条交通运输线路，不仅对乌克兰和中国，对亚洲各国都十分有利。除了以上在基础设施领域的合作，双方在框架内的其他领域也有广泛的合作潜力。

2016年11月7日，由丝绸之路国际总商会主办的共建"一带一路"机制与平台合作发展大会在乌克兰首都基辅举行。乌克兰第一夫人、波罗申科慈善基金会主席玛琳娜·波罗申科，议会第一副议长格拉先科，副总理兼中乌政府间合作委员会乌方主席祖布科，总统办公厅副主任希姆科夫，乌克兰经贸部副部长米科尔斯卡娅，中国驻乌克兰大使杜伟，丝绸之路国际总商会主席吕建中，以及乌克兰文化部、农业政策与粮食部、基础设施部，欧洲商会，中国商会等中乌政商界人士和专家200余人围绕"一带一路"倡议框架下的工商合作机制与平台建设、丝绸之路沿线国家对于乌克兰的商机、本地区经济合作面临的机遇和挑战等议题进行了深入探讨。在未来的日子里,双方会在"一带一路"倡议框架下的航空、工业、农业等各个领域里,找到合作契机,为两国的企业和人民谋求更大福祉。

参考文献

[1] 董晓阳. 乌克兰军队建设的几个基本问题. 东欧中亚研究, 1993 (6).

[2] 环球网–环球时报, 2009-03-22. http://news.21cn.com/world/guojisaomiao/2009/03/22/6029765.shtml.

[3] 商务部. 乌克兰世界上最早开采石油的国家之一[DB/OL]. 2016-03-05/2016-06-11. http://oil.in-en.com/html/oil-2462260.shtml.

[4] 外交部网站. 乌克兰国家概况[DB/OL]. 2012-03-26/2016-06-09.http://www.scopsr.gov.cn/hdfw/sjjj/oz/201203/t20120326_56261.html.

[5] 新华网. 背景资料：乌克兰总统选举[DB/OL]. 2010-01-17/2016-09-03. http://news.xinhuanet.com/world/2010-01/17/content_12824621.htm.

[6] 赵云中. 乌克兰：沉重的历史脚步. 上海：华东师范大学出版社，2005.

[7] 中国机构编制网. 乌克兰中央政府机构[DB/OL]. 2013-03-08/2013-06-05. http://www.scopsr.gov.cn/gjdt/201303/t20130308_210054.html.

[8] 中国人民大学经济地理教研室. 外国社会经济地理学. 北京：中国人民大学出版社，2016.

[9] 中国人大网. 乌克兰议会[DB/OL]. 2011-05-20/2016-06-09. http://www.npc.gov.cn/npc/xinwen/2011-05/20/content_1656412.htm.

[10] 中国社会科学院《列国志》编辑委员会. 列国志·乌克兰. 北京：社会科学文献出版社，2003.

[11] 中国新闻网. 乌东部选举计票完成 民间武装：东部不再属乌克

兰[DB/OL]. 2014-11-03/2016-06-02. http://news.163.com/14/1103/23/AA5P8U7H00014JB6.html.

[12] Студопедия—Ваша школопедия[DB/OL]. 2015-07-02/2016-05-28. http://studopedia.ru/13_6239_lesnie-resursi-ukraini.html.

[13] Ethnologue: Languages of the World. Ukrainian[DB/OL]. 2016-06-10. http://www.ethnologue.com/language/ukr.

[14] MASTA. Минеральные ресурсы Украины[DB/OL]. 2015-11-25/2016-5-24. http://moyaosvita.com.ua/geografiya-ru/mineralnye-resursy-ukrainy/.

[15] Tweet. Статистика української блогосфери 2010 та про що вона свідчить[DB/OL]. 2010-10-24/2016-06-12. http://blogosphere.com.ua/2010/10/24/ukrainian-blogosphere-stats/.

[16] Waterman. Водные ресурсы Украины[DB/OL]. 2015-09-14/2016-05-21. http://vodamama.com/resursy-ukrainy.html.